成功する雑貨屋さん

ショップ経営に欠かせないこと

27歳で始めた雑貨ビジネスを
4年で年商1億にした
ネットショップ＆小さな店の経営術

マツドアケミ

はじめに

今から7年ほど前の話になります。

当時、私は、「成功している雑貨屋のオーナーさんを取材する」という雑誌の連載記事を書かせていただいておりました。

そのときに出会ったのが、この本の中で「繁盛店の実例」として出てくる『ディーラーシップ』(現在は『フリーデザイン』『cotogoto《コトゴト》』も運営)のオーナーの、井川雄太さんと伊藤聡さんです。

その頃のお二人の年齢は28歳。お店をオープンしてから1年がたったばかりの頃で、正確には「成功している雑貨屋のオーナーさん」としてとり上げるには、実績も年月も足りていなかったかもしれません。お会いしたときのお二人が、あまりにも一生懸命で、真摯で、素直で、そういうところが可愛らしくて、ことあるごとに雑誌の取材や新聞紙面への紹介をさせていただいた記憶があります。

そうこうしているうちに、取材のときに話を聞いていた「2号店構想」が実現するという報告をいただきました。私の取材から半年後、つまりは1号店のオープンから2年足らずのことです。

2号店の『フリーデザイン』を吉祥寺にオープンし、起業4年目には年商1億円を達成。8

年目となる今年の彼らの業績は、年商3億円に近づいています。
結果として、「成功している雑貨屋のオーナーさん」として活躍しています。

「雑貨屋さんは、可愛いモノ、素敵なモノに囲まれた夢のような世界」というイメージをおもちのかたは多いと思います。その夢のような世界に憧れて、雑貨屋さんを始めたいという人はたくさんいます。

最近では、インターネット環境を利用している75％の人がネットショップを利用しているというデータもあり、ネットショップも実店舗同様に「雑貨が買える場所」として存在しているため、雑貨屋さんをネットショップから開業する人もふえています。

物件を借りて雑貨屋さんを開業することとは違って、資金的にも低く抑えることができるため、ネットショップという形が確立されてから、雑貨屋さん開業の敷居はどんどん低くなっています。

ところが、井川氏、伊藤氏のお店のように4年間で年商1億円を達成しているお店もあれば、4年続けてはいるけれど、1カ月の売上げが10万円以下というネットショップも、じつはたくさん存在しているのです。

「売上げが高い」ことだけが「成功」というわけではありませんが、「売れる」ということはそれだけたくさんの人に支持をされていて、世の中の人に喜んでもらえる仕事をしていることになります。また、1カ月の売上げが10万円のお店では、経費を差し引いたら大人1人が十分に自立した生活ができる金額にはなり得ませんよね。

「売れて成功しているお店」と「売れていなくて続けるのが困難なお店」の差は、どこにあるのでしょうか？

私は、20年近い雑貨業界の仕事の経験を通じて、今までに300人以上の雑貨屋のオーナーさん、雑貨の仕事にかかわる人たちとお話をさせていただいてきました。

雑貨屋さんを開業するための本は、私の著書『雑貨屋さんになりたい』（主婦の友社）以外にもたくさん出版されています。本を読み、もしくは雑貨屋さんの仕事を経験し、手順に沿って組み立てていけば、雑貨屋さんを開業することは難しいことではありません。

私がお会いした300人以上のオーナーさんは、きっとそのことについて否定をしないと思います。ただ、**「始めることは簡単でも、続けていくことはとても難しい」**ということは、誰もが実感しているでしょう。

雑貨屋さん開業はゴールではありません。

同じ雑貨業界で、雑貨を売る商売を始めるのであれば、井川氏、伊藤氏のように、しっかり売上げをのばしながら「仕事が楽しい！」と本音で語れるオーナーさんになってほしいと思います。

この本は、私が主宰している雑貨屋さん開業セミナー「雑貨の仕事塾」で、井川氏をお招きして年に一度だけ開催しているセミナーがきっかけで実現しました。

「年商1億円」と言うと、もしかしたら皆さんにとっては「私とは関係ない話」と思われるかもしれません。

ところがセミナーで語られる井川氏の話には、理解に苦しむようなとんでもない秘策があるわけでも、難しい言葉がたくさん出てくるわけでもありません。話の内容は、いわば商売の基本中の基本の徹底と、本気度についての話だけです。

あまりにも身近な例でお二人が実践していることを話してくれるため、参加者の皆さんは、だんだん目がキラキラ輝き出して、ワクワクしながら（人によっては鼻息を荒くしながら）帰っていきます。「自分にもできる！」という可能性をおみやげに持って。

本来であれば、年に一度のセミナーでしか聞くことができない「繁盛している雑貨屋さん」の話を、今回は私が井川氏にインタビューをしながらまとめさせていただきました。

これから雑貨屋さんを始めようと思っているあなた、そして、現在、雑貨屋さんを開業しているあなただけでなく、繁盛している雑貨屋さんの話で商売の基本について学んでみたいというあなたに、読んでいただけたらと思います。

contents

第1章

モノを販売する仕事で「成功」するための基本

7坪の店舗から始めて4年で年商1億を達成した井川雄太氏の考える雑貨屋さんビジネスとは？　店舗の形態、商品選び、コンセプトづくりなどの基本を紹介します。

井川雄太の考える〝商売〟とは？

以前、私は「アンちゃんのZakka《ザッカ》+《ト》」というサイトを運営していました（正確に言うと、まだそのサイトは手つかず状態で残っておりますが）。

このサイトを立ち上げた頃、ちょうど東京の雑貨屋さん300店舗を紹介する本を出版したばかりだったこともあり、そのタイミングで雑貨屋さんの紹介、私のコラムなどをウェブ上でも掲載しようと立ち上げた、あまり明確な目的をもたないままゆるく運営しているサイトでした。以前は、同じように明確な目的をもたない、自己満足的なサイトというものが数多く存在していました。そうは言っても、ここからテレビの仕事が入ってきたり、雑誌の取材を受けたりしていたので、私にとってはそれなりに活用できたサイトではあります。

数年後に、コンテンツをふやそうと、軽い気持ちでサイト内にショッピングページをつくりました。周辺に雑貨をネットで販売している人たちがふえ出した頃でした。

パリで買ってきた雑貨十数点をもとに、当時の私のアシスタントがサイトにショップページをつくってくれました。物珍しさから、たまに商品を買ってくださるかたはいらっしゃいましたが、それでも1カ月に1万円の売上げもなかったと思います。

井川氏の経営する『ディーラーシップ』の場合には、実店舗+ネットショップという運営形態ですが、ネットショップだけでも実店舗1店舗分の売上げがあると聞いていました。その頃はまだ、個人が運営する雑貨のネットショップでの成功事例をあまり聞いたことがなかったので、当時の私にとっては驚きでした。そこで軽い気持ちで、「私のショッピングページはなぜ売れないのか?」と聞いてみました。

井川氏は、「どれどれ」とさっそくサイトを見て、こう言いました。

「マッドさん、このネットショップって真剣につくったんですか?」

私は井川氏の言っている意味が最初はよく理解できなかったのですが、決してふまじめにつくったわけではないので、「うぅ〜ん……。真剣に、というよりも、ちゃんとつくってもらったよ」と答えました。

その返事に、井川氏は「僕がマッドさんの立場だったら、このページをつくったスタッフはクビにしちゃいますね」。

ますます井川氏の言っている意味がわからず、しどろもどろになりながら、「いや、ちゃんとつくったというのは、適当につくったわけではなくて、それなりに一生懸命つくっているのよ」と答えました。

確かに、軽い気持ちでネットショップをつくってみようと思ったのは事実ですが、決してアシスタントが手を抜いてつくったわけでもなく、それなりにまじめに取り組んでつくってくれていたわけですから、そのアシスタントを「クビ」にしなければならない内容なのか?と私がショックを受けました。

当時の話を振り返って、私のネットショップがダメ出しをくらった具体的な理由の一部(これだけでもほんの一部です)をあげてみます。

・商品点数が少なすぎる。
・お客様が見たいと思う角度の商品写真がない。
・そもそも商品用も説明用もイメージ用も、写真点数が少なすぎる。
・知りたいと思うような情報がない。
・どこをクリックしたら購入できるのかがわかりづらい。
・送料がいくらなのかがわからない。
・欲しい情報のページにたどり着くまでに、たくさんクリックしなければならない。

言われてみたら、全部そのとおりです。

井川氏と私のネットショップの大きな違いは、商品点数や写真の美しさという、見た目の話だけではありませんでした。

ひとことで言えば、お客様目線でしっかりと考えられたページを構成する努力が感じられなかったというのが、「クビ」の理由です。

井川氏のお店が、実店舗にしろネットショップにしろ繁盛するのは、**「お客様が喜んでくれるコトを第一に考えて、それを徹底している」**ということなのです。

お客様が喜んでくれる商品選び、お客様が喜んでくれるサイトづくり、お客様が喜んでくれる配送方法、お客様が喜んでくれるラッピング、お客様が喜んでくれるサービスなど、お店の運営方法がトータルで徹底されているのが井川氏のお店なのです。

今、商売をしている人、雑貨屋さんを経営している人の中には、「私だってお客様が喜んでくれることを考えているよ」と言う人がいるかもしれません。なのに、どうして自分のビジネスがうまくいかないのか、頭を抱えて真剣に考えている人がいるかもしれませんよね。それこそ私のネットショップの例と一緒で、「決してふざけてやっているわけではないし、真剣にやっている！」と言うかもしれません。

売上げを上げるために、売れ筋商品を集めたり、スタッフに笑顔の接客をさせたり、フェイスブックもツイッターも頑張っている！というお店はたくさんあります。売上げは上がりましたか？　確かに一時的には売上げが上がるかもしれませんが、そのあと、同じように頭を抱えてしまうことが続いているというお店がほとんどなのではないでしょうか。

「お客様第一主義」と言えば、「そんなことはわかっている！」と叱られてしまうかもしれません。ところが、「わかっている」と「できている」というのは違います。

「お客様が喜んでくれるコトをするのが商売」という基礎が商売に反映されていなければ、どんなに売れ筋商品を並べても、スタッフに笑顔の接客をしてもらっても、フェイスブックやツイッターをやったところで、小手先の努力にしかならないのです。

たとえば、どんなに腕のいい大工さんが、どんなに頑丈な建材を使って、素敵！と言われる家を建てても、土台の工事がしっかりしていなかったら、雨が降れば雨漏りがするし、風が吹いたらすぐに倒れてしまいます。「小手先の努力」というのは内装のリフォームのこと。土台がしっかりしていないのにリフォームを繰り返しても、家はグラグラしたままですよね。

逆に、基礎となるお店の土台がしっかりと固まっていたら、売れ筋商品は入荷すればどんどん売れ、スタッフの笑顔の接客にお客様が喜び、フェイスブックやツイッターがお客様との最高のコミュニケーションをはかれるツールになるわけです。

井川氏はセミナーの中で、**「商売とは、お客様が欲しいモノや欲しいサービスを提供して、そのことに100％以上喜んでもらうコト」**と定義しています。

さらに、**「喜んでもらった成果が売上げであり、利益である」**ということも話しています。

井川氏のお店のつくり方には、「お客様に喜んでもらうコト」という徹底した商売の土台があります。そしてその土台の上に、誰に対しても伝わる「本気の姿勢」が見えます。

現段階の話では、「えっ？　本気の姿勢ってどういうこと？」と、ネットショップをつくった当時の私のように戸惑う人がいるかもしれませんが、「お客様が喜ぶコト」、そして「本気で仕事に取り組むということ」については、この先、読み進めていただけるとより具体的なことがわかります。

専門店か？　セレクトショップか？

「お客様に喜んでもらうコト」についてまずはふれてみましたが、次に、何かを販売する商売を始めるにあたっての基本的な事項について、雑貨屋さん開業を題材に振り返ってみます。

「雑貨屋さんになりたい！」と思ったあなたは、どのようなお店をイメージしましたか？

文房具や食器、リネンのお洋服など、あなたが素敵だと思えて、お客様に欲しいと思ってもらえるような商品が全部揃う店にしたいなぁ……と、現段階では漠然と考えているかもしれません。

では、ここで、あえて「雑貨」についてふれておきたいと思います。

あなたが日頃「雑貨」と思っているモノには、どのようなモノがありますか？

マグカップ、マスキングテープ、こけし、バッグ、帽子、時計、アクセサリーなどなど、あげようと思ったら際限なくあげられますよね。

これらは雑貨屋さんで販売されているモノですが、果たして雑貨屋さん以外の場所では購入できないでしょうか？

いいえ、そんなことはありません。

雑貨屋さん以外にも、百貨店、コンビニ、１００円ショップ、文房具屋さんやおもちゃ屋さんなどでも購入できます。

では、あなたが始めたいのは100円ショップでしたか？　コンビニでしたか？　違いますよね。「雑貨屋さん」を始めたいのでしたね。

では、100円ショップやコンビニ、百貨店と、あなたが考えている「雑貨屋さん」の違いは何でしょうか？

百貨店では名前のとおり、百貨（つまりいろいろな商品）が扱われています。品揃えが多いのが魅力のひとつです。コンビニは「今欲しい！」と思うような身の回りのモノをスピーディに購入できるという利点があります。

「雑貨屋さん」の中には、幅広いジャンルでいろいろな雑貨が扱われているお店もありますが、全部が全部そういうお店ではありませんよね。

お店によって、あるカテゴリーやジャンルが限定されていたり、ある年代やスタイルに統一されていたり、ある素材にこだわりをもっていたり、あるストーリーが軸になっていたり……と、お店の特徴が商品に反映されています。

オーナーさんの「好き」がコンセプトになっているケースが多いようですが、このコンセプトをもとにしたお店づくりがされていて、それがお客様にもきちんと共感されて運営しているのが雑貨屋さんです。

雑貨屋さんは、大きく2つの形態に分けられます。ひとつは専門店、もうひとつはセレクトショップです。

専門店というのは、あるカテゴリーやジャンル、もしくはブランドやメーカーを特定して、限定した商品構成をもとにコンセプトがつくられているお店です。たとえば、カエルグッズだけを集めたお店、昭和の文房具だけを集めたお店などがそうです。商品の特徴に合わせて品揃えがされているので、コンセプトが決まれば、それに沿って商品アイテムをふやすことでその特徴がきわ立ちます。

一方でセレクトショップの場合には、コンセプトをもとに、バイヤーやオーナーのセンスが基準となって、専門店以上に幅広いジャンル、ブランドなどの商品をセレクトしています。

井川氏の場合は、専門店とセレクトショップの両方を運営しています。

最初に立ち上げたのが、「ファイヤーキング&アメリカンヴィンテージ・グラスウエア専門店」というコンセプトの『ディーラーシップ』です。アメリカのアンカーホッキング社が1941年から製造している、耐熱ミルクガラスのファイヤーキングというブランドの商品を中心に集めた専門店です。2号店としてオープンしたのは、「大人のためのデザイン雑貨」をコンセプトに品揃えをした『フリーデザイン』というセレクトショップです。現在3号店としてネットショップを展開している『cotogoto』（コンセプトは「日本の手仕事・暮らしの道具店」。2012年4月29日にオープン）もセレクトショップです。

井川氏の言葉で言うと、「モノがあふれている社会の中で、〝欲しい！〟と言う相手に対して、〝欲しい！〟と思われる商品を独自のセンスで再編集をして、〝必要！〟と思われるような提案をするのがセレクトショップ」なのだそうです。

ここで言う「〝欲しい〟と言う相手」というのは、「見込み客」のことです。井川氏のビジネスの土台づくりには、必ず将来の自分のお店の「お客様」（＝見込み客）がいます。この見込み客がいなければ商売にはなりません。

多くの場合には「自分がやりたいコト」をするために、もしくは「好きなモノを集める」ことが雑貨屋さん開業だと思われていますが、そもそも商売というのは、買ってくれるお客様がいなければ成り立たないわけです。「自分がやりたいコト」が、いかに「お客様を喜ばせるコト」になるのか？　そして「自分の好きなモノを集める」ことでどれだけ共感して喜んでくれるお客様がいるのかで、商売の勝敗は決まります。

さて、お店を始める際に、セレクトショップの形態を選択するオーナーさんは多いのですが、実際にインターネットでの販売を視野に入れるのであれば、個人店の場合には、専門店のほうが早い段階で売上げをのばしやすいといわれています。

井川氏が起業した際、セレクトショップではなく、最初にファイヤーキングの専門店を立ち上げた理由も、**「小資金で立ち上げる個人店は、ニッチな専門分野で店づくりをしたほうが成功しやすい」**と思ったからだそうです。

井川氏と伊藤氏がお店を始めようと決めたとき、二人の間で「どのような商売をすれば成功できるのか？」という話し合いを何度もしたそうです。まずは１００項目くらい、商売になりそうなことを考えて書き出してみたと言います。

井川氏と伊藤氏の間で、「雑貨」と「成功できる商売」の２つのキーワードで検討して、最終的に残ったのが次の3つの項目でした。

●アメリカ（これは彼らが共通して好きだったテーマ）
●手間のかかるコト
●中古（アンティーク）商品

最後の中古（アンティーク）に関して少し補足すると、井川氏が共同経営者となる伊藤氏と出会ったのは、彼らの前職でもある中古CD、書籍、DVDを販売する会社でした。彼らの経験から、「お客様は、中古商品であっても新品同様の状態を求める」ということを知っていました。

古いモノを洗って、新品同様にキレイな状態にするのは手間のかかることです。それをお店がぴっかぴかにして提供してくれたら、買う側は手間が省けますし、なによりうれしいですよね。そもそも**「手間がかかると思われていることに、商売のチャンスがある」**と井川氏は言います。

世の中には、同じ商品を販売しているネットショップがたくさんあります。ファイヤーキングもそうです。井川氏が起業した当時、すでにファイヤーキングを販売するお店は複数あったそうです。しかし、ぴかぴかの状態でファイヤーキングを販売しているサイトはほとんどありませんでした。自分たちの店であれば、「絶対に、一番にお客様を喜ばせることができる！」と最初から確信できたそうです。その確信は、井川氏の中古商品販売の経験値からでもありますが、買う側（つまりはお客様）の目線で他店のリサーチをすれば、「お客様が不満に思うことが手にとるようにわかった」からでもありました。

さて、あなたがお店を始めるのであれば、それは専門店ですか？　それともセレクトショップですか？

セレクトショップにするのであれば、お客様がほかの類似店ではなく、**あなたのお店で買い物をする強い理由をつくらなければなりません。**

品揃えなのか、品質なのか、サービスなのか、オーナーさんの魅力なのか。その理由が多ければ多いほど繁盛店に近づくことができます。

売れる商品選びの4つの条件

「雑貨の仕事塾」で開催している人気セミナーのひとつに、「雑貨屋さんになりたい」という雑貨屋さん開業の入門セミナーがあります。このセミナーは東京の八丁堀にある私の小さなアトリエで開催をしていますが、北は北海道から南は鹿児島まで、全国の「雑貨屋さんになりたい」女性たちが参加してくれています。

このセミナーに参加してくださったかたの中に、某百貨店の食器コーナーで長年バイヤーの仕事をしている女性がいました。近い将来、日本各地で見つけてきた、彼女のお気に入りの陶芸家の器を集めたお店を開業したいということでした。

実際にバイヤー経験も店舗営業経験もある彼女が、なぜ雑貨屋さん開業の入門セミナーに通うのか？と思いますよね。

彼女は、食器に限らず、キッチンツールや卓上インテリア小物など、「何が売れて、何が売れていないのか」をよく把握していました。百貨店を利用されるお客様に満足してもらえるような品揃えをしなければならないこともあり、当然ながら、自分は好きではないけれど、売れ筋商品も扱わなくてはなりません。

将来開業するお店は「自分の好きな陶芸家の器だけを集めたい」と思っていたのですが、果たして、自分は好きではないけれど売れるとわかっている商品を扱わなくて、本当に繁盛するお店ができるのだろうか？と悩んでいました。

そのことに対して私が最初に確認したことは、お店のコンセプトとターゲットです。自分が本当に好きだと思う作品だけを集めたいというのであれば、自宅で自由にご自身のためにコレクションをすればいいわけです。あえて雑貨屋さんを開業するリスクはとらないほうがいいですよね。

しかし、自分が好きだと思っている陶芸家の作品を通じて、**お客様にとってメリットになることをコンセプトとして提案できるのであれば、お店にするべき**です。お客様が共感できるコンセプトをつくり、そのコンセプトに合わせて品揃えをし、その商品を販売するためにお客様が喜ぶサービスを徹底すれば、売れるけれど好きではない商品を扱うことなどしなくてもいいですよね。

逆に、そのコンセプトにとって必要だと思う商品なのに、自分の好き嫌いだけで扱うかどうかを判断してしまうと、売る機会を損失するばかりか、お客様がその商品を買うことで得られる生涯のメリットを損失させることにもなります。

井川氏は、品揃えをする際に大事にしている4つの条件があると言います。

●自分が好きなモノ
●コンセプトに合っているモノ
●お客様が欲しいと思うモノ
●適正な利益が確保できるモノ

繁盛店をつくるには、この4つの条件は必須です。

とはいえ、店内の商品がこの4つの条件に合ったモノばかりで100％揃っているという状況は、どの店舗にとっても難しいことです。しかし、この4つの条件を常に意識し、条件に合うモノを仕入れ続ける努力をすることは、とても大切なポイントになるのです。

さらに、この4つの条件の中にも優先順位がある、と井川氏は言います。

それがこちらです。

1　コンセプトに合っているモノ

2　お客様が欲しいと思うモノ

3　自分が好きなモノ

4　適正な利益が確保できるモノ

私が知る多くの雑貨屋のオーナーさんは、3の「自分が好きなモノ」が優先順位の最初にきます。確かに、自分が好きなモノでなかったらモチベーションも上がりませんので、2の条件を意識しながら、お客様となり得る人がいるかどうかを考えましょう。

『ディーラーシップ』を例にあげると、主軸商品のファイヤーキングはコアなファンが日本にもたくさんいます。コレクションをしている人たちの需要があり、井川氏自身もファイヤーキングが好きでした。
井川氏流に言うと、「〝お客様が欲しいと思うモノ〟の中から〝自分が好きなモノ〟〝ビジネスチャンスがあるモノ〟を商売にするのがベスト」なのだそうです。

「ビジネスチャンスがある」というのは、すでにその分野で圧倒的に有利な立場に立っている競合店がないこと、さらに**自分の店が競合店以上に商品やサービスをお客様に提供できるだけの強さが見込める**ことです。

いくら需要があり、自分が好きであったとしても、そのジャンルで強すぎる大型店がすでに存在していたら、勝つのはとても難しくなります。

取り扱う商品が決まったときに、「本当にお客様が欲しいモノなのか？」「市場のシェアを大きくとれるだろうか？」「ライバルショップの中で上位になるだけの強みをつくり出せるだろうか？」、この3つについて考える必要があります。

井川氏がファイヤーキングで起業を考えたとき、ネットショップを含めて市場には200店舗くらいのファイヤーキングショップがあったそうです。一見、競合店がたくさんあり、No.1店が存在しそうな気もしますが、そのいずれの店舗もやっていなかった「新品同様にぴっかぴかにして販売すること」、ネットショップであれば「お客様が手にとって商品を見ているかのように、いろいろな角度から写真を撮って掲載すること」、さらには「他店よりもコンディションのよいファイヤーキングを厳選して商品点数をふやすこと」で、オープンから2〜3年でヴィンテージ・ファイヤーキング取扱店の日本No.1店を実現することができました。

起業を考えているときに、同ジャンルの他店を徹底的にリサーチしたことと、他店に勝てるだけの強みを創造し、実践し続けたからこその地位です。**努力をしていても負けている人が多いのは、あきらかに最初の「リサーチ不足」と「努力の方向性を間違えている」ことに原因がある、**と井川氏は言います。

また、繁盛店にするためには、4つめの「適正な利益が確保できるモノ」を扱うこともとても重要です。

利益が出ないとお店を続けていくことはできません。お客様から求められている商品、サービスがあり、それがお客様から喜ばれているのであれば、お店を存続させることはお店としての責任でもあります。

「雑貨の仕事塾」で開催している井川氏のセミナーには、実際に井川氏にネットショップ診断をしてもらう人気のコーナーがあります。現在ネットショップを開業しているオーナーさんの中で、「どこをどう修正すれば売上げが上がるのか」がわからないという生徒さん数名の例をとり上げて、井川氏がそのネットショップを診断していくというものです。

あるセミナーのときに実例としてあげられたネットショップでは、手づくり雑貨と手づくりのための材料を販売していました。

そのお店にとって一番販売したいのは「手づくり雑貨」ということでした。ところが実際に一番売れているのは200円程度の手芸用パーツで、じつは売れれば売れただけスタッフは忙しくなるのにもかかわらず、利益がほとんど出ないという悩みがありました。

ネットショップを運営している人の中には、「本来売りたいモノではなく、ほかの、しかも安価なモノばかりが売れてしまう」という同じような悩みをもつ人たちがたくさんいます。

この悩みに対して、井川氏の答えは明確でした。

「ネットショップの品揃えを考えるときには、ネットショップ掲載のための作業から発送までの手間、1梱包あたりのコストを考えて、適正な利益が確保できるモノしか販売しないこと」

手づくり雑貨を楽しんでいる人にとっては、手芸用パーツが安く購入できるのはとてもうれしいことではあります。また、コンセプトに合っていて、お客様が欲しがっているので、品揃えとしてはOKですが、ボランティアで運営しているお店ではないのですから、利益を追求することはネットショップオーナーとして最も大切な役割でもあります。

配送に関するコストなどのほか、ネットショップ掲載のための作業、梱包、発送までの一連の作業を時間ではかり、時給に換算して、その時給に見合った利益が出るものを基準に品揃えをするのが基本です。

また、本来売りたいと思っているモノが売れていない理由については、土台のゆるさがありました。

手づくり雑貨や手づくり材料を売るお店はたくさんあります。その中で、ほかのお店ではなく、そのお店で買う理由づくりが必要です。ところが、お店の圧倒的な強みについて、自分たちが認識していないのですから、どう打ち出せばお客様が興味をもってくださるかは不明確ですよね。

強みを知るためには、まずは客観的に、お店の人気商品にフォーカスします。現状で売れている人気商品は売上げがつくりやすいからです。その商品に特化して、専門店に移行できるくらい圧倒的な品揃えをするなどして強みをつくっていくことも、ひとつの方法です。

私の運営する「雑貨の仕事塾」のオンライン学習の生徒さんで、同じように自分が手づくりした雑貨をネットショップで販売している女性がいます。この女性はフィードサックという素材が大好きで、その素材を使った布小物をあれこれ作って販売していました。そのネットショップを見てみると、確かにフィードサックという言葉があり、ナチュラルテイストの布小物がキレイに並んではいますが、他店とどう違うのかがわかりません。

運営している本人にとって「フィードサック」は強みのひとつと考えていました。ところが、私のように手芸をしないお客様から見たら、フィードサックという言葉には何の魅力も感じられないのです。そもそも「手づくりをするのが好きな人」がターゲットではないはずです。

そこで、彼女に話を聞いてみると、じつはネットショップの中に、掲載すればすぐに完売してしまうほどの人気商品があることがわかりました。単価も比較的高く、また利益率も高いというその商品を目的にサイトを訪れる人たちが多数いることもわかりました。

そこで、その商品に特化し、素材もフィードサック以外にナチュラルな雰囲気のものをふやし、専門性をもたせることによって強みをつくるように指導しました。

強みを考えるときには、自分が伝えたいこと、好きなことだけでなく、**お客様が何を望んでいるのかを考えることがとても大切**です。何を中心に販売していいのかわからないのであれば、あえてネットショップを一度閉めて、考え直すことで時間と労力の無駄を省けます。

Column №1

需要があって、コンセプトに合っていて、利益がとれるけれど自分が好きではない商品は取り扱うべきか？

以前、私は、セレクト系の雑貨屋さんのプロデュースをしていたことがあります。

そのセレクトショップには「ロマンチックでラブリー」という商品のスタイルコンセプトがありました。つまり、薔薇、ハート形、小花柄、水玉、レースなどの女性らしいモチーフやスタイルであることが、商品の仕入れの基準でした。私の個人的な趣味で言えば、薔薇やハートなど甘すぎるモチーフの雑貨は好みではありませんでしたから、正直な話をすると、最初は取り扱うことにも戸惑いがありました。

ところが、お客様はそういう商品が大好きなのです。仕入れたら仕入れた分だけ、どんどん売上げがつくれるのです。

運営していくうちに、私は好きではないけれど、お客様が好きそうな商品がどんどん見えてきました。店舗を運営している店長やスタッフもそうです。展示会や見本市、商品カタログなどでお客様が好きそうな商品を見つけると、「これは1週間に200個は売れるね」という話で盛り上がり、実際に仕入れた雑貨が飛ぶように売れます。しかもお客様がとても喜んでくださる姿を見たら、スタッフも私もうれしくてたまりません。そうしているうちに私自身も薔薇やハートなどのモチーフの雑貨が大好きになっていたから、とても不思議です。

「ロマンチックでラブリー」なスタイルコンセプトのセレクトショップなのですから、そこは

43 222
$ 388

徹底して「ロマンチックでラブリー」な雑貨がなければ、お店の強みにはなりませんよね。

自分の好みで運営しているのではなく、「ロマンチックでラブリー」な雑貨が大好き！なお客様のために、「これでもか！」というほど徹底して商品を取り揃えることを強みにしたので、店内にはいつも「可愛い！」の声があふれていました。お店は、お店のコンセプトに共感してくれたお客様がお買い物をしてくださった売上げで成り立っています。

「好きなモノだけを集めてお店をやりたい」と言う人にとっては、最大のジレンマであり、壁がこれです。

自分が好きではないけれど、お客様が好きという商品を扱うべきか、否か。

答えは、「コンセプトに合っていて、お客様が欲しい！と思っている商品は販売をするべき」なのです。また、コンセプトに合っていなくて、お客様が欲しい！と思う商品は、本来であればお店にあるべきではないはずです。

じつは井川氏にも、ファイヤーキングのシリーズの中に、あまり好きではないシリーズがあったと言います。しかしお客様はその商品を手にとって、とてもうれしそうな顔をします。自分は気がついていないその商品の魅力を、お客様はちゃんと気がついているということを実感したそうです。もちろん今はその商品のことが好きになったというから、これまた不思議な話です。

お店を開業する人の中には、自分が好きなモノにこだわりたいオーナーさんがいます。こだわることは悪いことではありませんが、そのこだわりに共感してくださるお客様の存在があってこそ売上げがつくれる、ということを忘れないでください。

インターネット環境の最大限の生かし方

「雑貨の仕事塾」の開業セミナーに参加するのは、実店舗を開業したいという人ばかりでなく、「ネットショップを本業として起業したい」という人もたくさんいます。ネットショップの利用者が多いということは、それだけネットでのお買い物に対しての信頼度が上がってきていると言えるでしょう。

ところが、ネットショップを始めたいという人の中には、ネットショップでお買い物をしたことがないという人もいます。自分が始めようと思っている商売がどのようなことなのかを理解するために、まずは雑貨のネットショップの利用頻度をふやして、お客様の立場で、そのショップのいい点、不便を感じた点を、体験を通じて学んでいくことはとても大切です。

井川氏の場合は、起業する前にオークションサイトを使って雑貨販売を経験し、メールでの接客方法や写真撮影の技術習得、クレーム対応など、事前に、インターネット環境での販売を通じて学ぶことができたそうです。

また井川氏が実店舗オープンのときに宣伝ツールとして活用したのが、SNS（ソーシャル・ネットワーキング・サービス）のミクシィです。小資金での起業であったため、広告宣伝のための費用を捻出する余裕がありませんでした。そのため、お店をオープンするときに、ミクシィでお店やファイヤーキング関連のコミュニティを作成。そこに集まるファイヤーキングのファンに実店舗開業の報告をすることで、集客に役立てることができたと言います。

また、私が雑誌の取材を通じて出会った雑貨屋さんやカフェの中には、開業前からブログを立ち上げて集客に成功している例がいくつもあります。たとえば、千葉県佐倉市の自宅で雑貨カフェ『ねこて』を経営するオーナーの福田典子さんは、開店の2カ月前からお店ブログを始め、オープンと同時に「ブログを見た」というお客様が来店。そのお客様が今度は自分のブログで紹介してくれたことなどもあり、クチコミでお店の存在が広まっていきました。つまりは大きな広告宣伝費をかけることなく、お店の宣伝に役立っているというわけです。このような成功例が多数あることから、「雑貨の仕事塾」でも、「集客のできる雑貨ブログのつくり方」（教材）を学ぶことを開業時の必須項目にしています。

井川氏の場合には、開業時、当時最も活用されていたミクシィというSNSを活用しましたが、近年ではツイッターやフェイスブックなどを活用している店舗もたくさんあり、『ディーラーシップ』でも現在は、ブログ、ツイッターとフェイスブックを活用しているそうです。

これらを利用する最大のメリットは、**「無料でありながら、人を集めるためのツールになり得る」**という点です。今までにDMやチラシ、広告宣伝に使っていた経費をかけることなく、お客様にお店を知ってもらえるのは、最大のメリットになりますよね。

ところが、ツイッターやフェイスブックを使ったからといって、それがパーフェクトな集客ツールになるか？と言えば、答えはNOです。

最近では、「集客のための」とか「儲かる！」という切り口で、ツイッターやフェイスブックなどのノウハウ本がたくさん販売されていますが、本来はミクシィもブログもツイッターも

Zakka café ねこて
千葉県佐倉市上志津原365-11-2F
http://nekoteshop.blog100.fc2.com/

フェイスブックも、コミュニケーションのためのツールです。ツイッターを例にあげると、お店の商品のことをつぶやいて、それに対して返信コメントが書かれたら、それに対してまたお店側からコメントを書いていくことで、コミュニケーションが成立します。

ツールを使ってやりとりしているうちに、お店やあなた自身のことを知ってもらい（ファンづくり）、そうしているうちにお店のお客様になっていた、というのが本当の意味での成功例になります。

利用の際には、お店のターゲットとなるお客様が使っているであろうツールに集約させて、それをメインにしながら、連動できるところは連動するという方法がいいでしょう。見込み客がミクシィに多いのであれば、ミクシィをメインにしてツイッターで連動する。ブログへのアクセスが多いのであれば、ブログをメインにして、ツイッター、フェイスブックで連動するということです。最近の日本におけるツイッターとフェイスブックの利用者数はミクシィの倍以上ということですが、20～30代の女性が多く利用しているのはミクシィのようです。自分のお店で取り扱っている商品やターゲットに合わせて使い分けることで、効果を発揮できる可能性があります。

私自身、ツイッターやブログをより効果的に使うための勉強をし、それを実践することで、ツイッターとブログだけで「雑貨の仕事塾」へのアクセス数を約2倍にふやすことができました。どのように活用すればより効果的なのか？　その正しい方向を知れば、これらを集客に役立つツールとして活用することは可能です（あくまでも「役立つツール」であって、集客ツールではありません）。

実店舗ブログの参考例

「雑貨の仕事塾」オンライン学習の生徒さんで2012年の2月にお店をオープンしたかたのブログを見ていたら、とってもうれしいひとことがありました。

「相変らずブログを見てご来店くださるお客様が多くて、とてもうれしいです」

「雑貨の仕事塾」の生徒さんは、オンライン学習に参加中にブログの活用方法を勉強します。生徒さんの多くは私同様にアナログさんで、この『koti－コティー』のオーナーさんもそのひとり。それでも彼女は「ブログをやっていてよかった」と言います。

実店舗をオープンしたからといって、お客様がわんさかやってくる！時代ではありません。集客の入り口は自分からふやしていかなければなりません。

雑貨ブログづくりの最初の課題がブログのネーミングなのですが、これはお店のコンセプトづくりにも通じるところがあって、何度も慎重に検討します。

まず、**「どんなお店なのかが3秒以内にわかる！」**ことがとても大事なのです。

「どんなお店」「どんな作品を作っているか？」をぎゅっと凝縮させるのは、じつはとても難しい作業です。

そこで、まずはキーワードを50個くらい出してもらい、それをつなぎ合わせて、3つくらいに候補を絞り、最終的に検索でヒットするキーワードに決定します。

そしてでき上がったのがこちらです。
岐阜市 大人かわいい生活雑貨とナチュラルな服
雑貨屋 koti ―コティ―

岐阜市 大人かわいい生活雑貨とナチュラルな服
雑貨屋 koti―コティ―

実店舗ブログのネーミングには3つのルールがあります。
「エリア名」「どのようなお店なのか」「店名」です。

雑貨屋 coti《コティ》
岐阜市本郷町3-13
☎058-215-7176
http://ameblo.jp/koti13/

『コティ』さんは岐阜市にありますので、ブログの最初に「岐阜市」を入れています。

そして次に「どのようなお店なのか?」を入れます。

『コティ』さんのブログ名には、「スタイル」＝大人かわいいとナチュラル、「どのような雑貨」＝生活雑貨と服、の両方が入っています。

最後に「店名」です。

「エリア名」「どのようなお店?」「店名」、この3つは、実店舗ブログのネーミングの必須項目です。「雑貨の仕事塾」の生徒さんの一例です。

埼玉・北浦和駅より徒歩６分
バリの上質な生活雑貨＆アジアン雑貨店
カユカヤン

カユカヤン
さいたま市浦和区北浦和1-23-20 田中ビル1F
☎048-826-5840
http://ameblo.jp/kayu-kayan/

元気がでるカラフル＆スイートな生活雑貨

雑貨屋 ルナ＊ルナ

雑貨屋 Runa《ルナ》＊Runa《ルナ》
長野県駒ヶ根市上穂南16-16 上穂レジデンスB
☎080-7008-5368
http://ameblo.jp/moca4286/

第2章

僕たちの「最高な」実店舗のつくり方

実店舗の立地の選び方から、繁盛店をつくる3つの基本要素＝雑貨屋さんのためのQSCまで、実店舗を成功させるために必要な知識をお伝えします。

店の立地の選び方

実店舗＋ネットショップの起業が軌道に乗せやすい組み合わせだとしたら、あなたはどちらを先にオープンしますか？

いくつかの例で説明してみます。

以前、取材で出会ったアンティークボタン専門店のオーナーさんは、ネットショップを運営しながらイベントなどにも積極的に出店することで、認知度を上げ、数年後に実店舗をオープンしました。またフレンチアンティークを販売しているオーナーさんも、ネットでの需要が高くなり、「実際に商品を見てみたい」という声に応える形で、実店舗をオープンしました。

ネットショップでの成功をベースに実店舗をオープンするケースが、じつに多く存在します。実店舗よりもネットショップからスタートするほうが、なんと言っても開業資金や固定経費など金銭面でのリスクが低く、起業する側のメリットが大きいと言えるかもしれません。

一方で、ネットショップだけを立ち上げる場合は、「最初は取引先やお客様への信頼度が低く、認知されるのにも時間が必要である」と井川氏は言います。実際に、仕入れの取引においても、実店舗がない場合には商品を仕入れることができない場合があります。「雑貨の仕事塾」の生徒さんの中にも、ネットショップをスタートするにあたって、欲しいと思っていた商品の仕入れがなかなかできずに苦労したかたがいました。

実店舗があるというだけで、信頼につながりやすいのは事実です。

井川氏は、最初から実店舗＋ネットショップという組み合わせでの展開で起業しましたが、順序としては『ディーラーシップ』の実店舗をオープンした3カ月後にネットショップがオープンしています。

実店舗を立ち上げるのにかかる時間が約200時間だとしたら、ネットショップの準備には500～1000時間（あくまでも目安）はかかるそうです。『ディーラーシップ』の場合にも、実店舗を運営しながらネットショップづくりをしました（繁盛するネットショップの具体的なウェブページのつくり方についてはP82～で詳しく説明します）。


さて、実店舗をオープンする際には、ほとんどのオーナーさんは自分の頭の中にお店の立地のイメージを描いているようですね。

たとえば、「雑貨の仕事塾」の1期生、『Romantica*雑貨室』の荒川知子さんは、ロマンチックでガーリーな雑貨のセレクトショップを谷中で開業することをめざし、準備をしていました。近年、谷中、根津、千駄木といった東京の下町エリアは人気が高まっていることもあり、希望していた家賃に合うような物件を探すのはとても難しかったようです。そのため、開業までの約1年間は、八丁堀にある私のアトリエで平日だけ実店舗を運営しながら、ネットショップをつくり、谷中での開業の準備をしていました。

また、コミュニケーション雑貨のセレクトショップ『コミュニケーションマニア』の畠山京子さんは、開業当時から多店舗展開を考えていたこともあり、1号店となる店舗は認知度を上

Romantica*雑貨室
東京都台東区谷中3-6-14
☎03-5834-2467
http://www.romantica-zakka.com/

げていく必要性がありました。今は移転をしていますが、『コミュニケーションマニア』の1号店は東京の人気エリアのひとつ、恵比寿にありました。恵比寿で人気店となるべく土台づくりをしていったおかげで、現在は別業態を含め6店舗を運営しています。

一方で、先のフレンチアンティークのお店の場合のように、ショールーム兼在庫置き場として実店舗を考えていたため、場所へのこだわりがなかったというケースもあります。「配送準備と在庫置き場としての十分なスペースが最優先」という場合には、立地に対するこだわりよりも、広さ、家賃の安さを重視する場合もあるようです。

井川氏の1号店でもあるファイヤーキング専門店『ディーラーシップ』の場合には、アメリカンヴィンテージが文化として根づいている場所が候補としてあげられていました。たとえば東京の目黒や福生、下北沢、高円寺などはアメリカンヴィンテージのセレクトショップ、中古家具店、古着店が多数存在しています。つまりはお客様も、アメリカの古いモノを探しにやってくる人たちが多い、ということです。

候補になった街の中で、『ディーラーシップ』が高円寺に実店舗を構えた理由は、ネットショップでの知名度が上がったときに、複数の路線が乗り入れている新宿に近く（つまりはお客様が足を運びやすい）、物件取得費が予算内であったことです。

2号店の『フリーデザイン』は、起業当時から実現したかったセレクトショップであり、『ディーラーシップ』の成功を経て1年半後に決意した、いわば本勝負の事業でした。

「大人のためのデザイン雑貨」というコンセプトに合った街は、原宿でも渋谷でもなく、幅

コミュニケーションマニア中目黒店
東京都目黒区上目黒2-9-36
☎03-3760-1517
http://www.com-mania.com

広い年齢層の人たちが暮らし、集まる吉祥寺のイメージであったこと、1号店の『ディーラーシップ』からもアクセスがよく、移動するのにも便利であったこと、そしてなによりも〝雑貨のメッカ〟としても知られる吉祥寺で勝負をしたかったという思いがありました。

競合店はたくさんありますが、「雑貨」を目的としてわざわざ足を運んでくる人たちが多い街なので、「お客様を喜ばせる店づくりさえできれば、勝てる！」と井川氏は言います。

実店舗＋ネットショップの展開で考えたとき、実店舗の位置づけをどう考えるかで、そのお店にとっての「いい立地」について答えが出せると思います。

実店舗は1階路面店がいいのか、賃料の安い2階がいいのか？

2年前の井川氏のセミナー「物件、立地について」の話の中で印象に残っている言葉があります。

「僕は2階物件が大好きですね〜」ということです。

一般的に2階物件は「賃料が安い」と言われています。高円寺にある『ディーラーシップ』の物件取得費（最初に店舗を借りる際に必要な経費）は100万円でした。また、暮らしたい街としても人気の高い吉祥寺にある『フリーデザイン』の物件取得費は500万円程度だったそうです。その金額に驚くかたもいらっしゃるかもしれませんが、吉祥寺の相場で言うと、保証金だけでも数千万円以上することが多いようですので、吉祥寺においての物件取得費500万円は、相場と比較すると手頃と言えるかもしれません。

つまりは2階物件であったからこそ、この金額で〝雑貨のメッカ〟吉祥寺に店舗をオープンすることができたとも言えます。

しかし、井川氏が「2階物件が好き！」と言う一番の理由は、物件取得費の安さではありません。**「同じ予算で、倍の広さの物件を狙える」**ということにメリットを感じたそうです。つまりは、**広さがあることで「たくさんの商品が並べられて、お客様にも喜んでもらえる」**ということです。

2号店構想がもち上がる前から、常に吉祥寺の2階物件をリサーチしていたという井川氏ですが、雑貨エリアの一角でもある中道通りは特にマークをしていたそうです。

吉祥寺に限らず、人気の街というのは、物件があいたところですぐに決まってしまうため、不動産屋さんを頼っていてはなかなか納得のいく物件に出会えません。『フリーデザイン』の入っているビルは、おしゃれなデザイナーズ物件であり、窓も大きく、階段も上りやすい幅があり、2階と言えども好立地でした。その物件の情報が一般に流れる前に、物件をチェックしていた井川氏が名乗りを上げて決めることができたそうです。

東京・自由が丘にある、「日本のカッコイイお土産品」がコンセプトのセレクトショップ『カタカナ』のオーナー、河野純一さんもそうでした。自由が丘と言えば、こちらも〝雑貨のメッカ〟として大人気の街です。

カワノさん自身、物件を借りるにあたって、「普通に不動産屋さんに頼っていたのでは、要望にかなういい物件が決まることはない」と思っていたこともあり、「物件が出たら連絡します」と不動産屋さんに言わせないように、自らが定期的に足を運んでは「また来ます！」と言って顔を覚えてもらい、その結果、情報が一般に流れる前に好立地の物件を押さえることに成功しました。

井川氏いわく、本当にいい物件を探そうと思ったら、不動産屋さんからの連絡を待っているのではなく、**週に一度はその街を歩き、自分の目と足で物件を探し、ここぞ！という場所を決めたら直接、その物件についての問い合わせを不動産屋さんにする**ことだそうです。

さて、賃料や広さの面で確かにメリットがあると言えそうな2階物件ですが、路面店に比べて来店客数が少なく、苦労している店舗が多いのも事実です。ふらりと気軽に立ち寄れる感が

カタカナ
東京都世田谷区奥沢5-20-21 第一ワチビル1F
☎03-5731-0919
http://katakana-net.com/

ある1階に比べて、ビルの2階以上の物件は階段を上ったり、エレベーターを待つなど、お客様にとっては「ちょっと面倒だなぁ」と感じやすいものです。

一般に、1階の路面店のほうが来店客数は多く、2階以上の場合にはお客様が感じる手間の分、来店客数は少なくなります。


では、2階にある『ディーラーシップ』や『フリーデザイン』の場合はどうなのでしょうか？　この点でも、答えは「実店舗＋ネットショップの組み合わせの強み」にありました。『ディーラーシップ』や『フリーデザイン』の場合、ネットショップですでにお店のことを知っていて、さらにネットで知り得た情報をもとに「買い物」という目的をもって来店されるケースが多いそうです。2階にあるということで、本来のターゲット以外の人が時間つぶしなどで入店してくることもなく、本当の意味で、「お店でお買い物をしたい」と思っているお客様がゆっくりお買い物を楽しむことができるのもメリット、と言います。

このように目的来店客をメインターゲットとして設定する場合には、2階物件でも検討してみる価値があると言えるでしょう。逆に、目的来店客以外の一般客を取り込みたいと思っている場合には、1階物件が理想的です。

また『ディーラーシップ』も『フリーデザイン』も2階集客のための工夫が看板にされています（P68〜69で詳しく説明します）。


2階店舗の賃料の安さにメリットを感じている人でも、集客をするのは本当に大変なことです。インターネット環境を使ったり、看板に工夫を凝らすなどして、安心してお客様が来店できるような取り組みをしていきましょう。

Column №2

2000個のマグを1カ月で完売する方法

『フリーデザイン』で取り扱いのある某北欧ブランドの人気マグカップが廃番になるという情報を入手した井川氏は、その場でメーカー在庫2000個を即決で発注。1個あたり約2000円するマグカップです。これだけで400万円の売上げにつながる仕入れです。

井川氏の頭の中には、このときすでに「このマグカップをどのようにして販売すれば完売できるのか」という、ゴールに向かったプランができていました。

そのプランは大きく分けて3つあります。

1つめは、商品の貸出しで雑誌やテレビ番組によく利用されていた『ディーラーシップ』のつながりで、知り合いのテレビ制作会社に月9ドラマの小物として提案。2つめは、そのドラマで使われているということをインターネットで宣伝。3つめは、お店のスタッフ数名がマグカップを実際に自宅で使用し、そのときの写真や感想をブログなどで伝えていくこと。

月9のドラマに採用されるということは簡単なことではありませんが、「何をしたらマグカップ2000個を1カ月で完売できるか?」を徹底的に考えることで、さまざまな選択肢がつくれます。その選択肢の中で効果が高そうなものからあたっていくことで、いずれにしろ完売できるだけのプランができ上がります。実際に井川氏の提案力もあり、ドラマへの採用が決定しました。

そして次に、「採用が決定したことを単に宣伝する」のではなく、**「商品の魅力を徹底的にアピール！」**することこそが大事だと井川氏は言います。

ブログやサイトを使って宣伝するのであれば、印象的な写真を使い、必ず目にとまるような位置に掲載することも重要です。そのためには写真の撮り方の工夫やスタイリングのテクニック、商品がより魅力的に感じられるような文章が必要となりますが、それによってさらに商品の付加価値が上がります。また同時に、スタッフのプライベートでの使用写真を掲載することで、「購入したらどんなシアワセな気持ちになれるか」「どんな新しい生活ができるか」というワクワク感が想像しやすくなります。またその感覚をお店のスタッフとお客様が共有できるので、ファンづくりもしやすくなります。

これらの策を実行した結果、クチコミで商品の情報が広がり、またたく間に2000個のマグカップが完売。ドラマを見たり、インターネットでの情報を見て、多くのお客さまが「欲しい！」と思ったときに在庫を持っていたのは『フリーデザイン』だけだったのです。

売上げをつくるためには、**売れる商品の在庫を持つこと！**そして、それを**絶対に売り切るために徹底的に仕掛けをつくったこと**で成功した一例です。

繁盛店をつくる3つの基本要素

街の至るところで目にするファストフード店、マクドナルド。私もたまに猛烈に食べたくなることがあります。

どこにでもありそうなマクドナルドですが、東京・新宿の繁華街、歌舞伎町にはマクドナルドがないことをご存じでしたか？

マクドナルドを支えているメイン顧客は、キッズ＆ファミリーだそうです。

マクドナルドとしては、どんなに儲かるからと言っても、「夜の歌舞伎町に子どもたちには行ってほしくない」という思いがあって、歌舞伎町のお店は閉店したそうです。「マクドナルドのブランドイメージと合致しないから」というのが理由だそうです。

この話のように、万が一、お店の運営に迷うことがあったときのために、お店が立ち返るべき〝お店の基本軸〟が必要です。

マクドナルドの話を例にあげると、現在の日本マクドナルドの原田泳幸さんが社長に就任するまでの7年間は、連続でずっとマイナス決算の状態でした。原田社長が就任されてからは、7年連続プラスの成長を遂げています。

プラスに転じた理由について、まず原田社長があげたことがＱＳＣの徹底です。

ＱＳＣというのは、QUALITY（クオリティ／品質）、SERVICE（サービス／おもてなし）、CLEANLINESS（クリンリネス／清潔さ）のことです（最近では、これにＶ＝VALUE／価値

※参考文献

『勝ち続ける経営 日本マクドナルド原田泳幸の経営改革論』（朝日新聞出版）

が加わることがあります）。

このＱＳＣは、外食産業でよく耳にする言葉ではありますが、物販をする雑貨屋さんでもサービス業の基本として語られています。

以下が、井川氏の雑貨屋さんのためのＱＳＣの考え方です。

QUALITY（クオリティ／商品管理・品揃え）、SERVICE（サービス／接客・サービス）、CLEANLINESS（クリンリネス／環境整備・整理整頓）。

この雑貨屋さんのためのＱＳＣについて、ひとつずつ説明していきましょう。

QUALITY（クオリティ／商品管理・品揃え）

当然のことなのですが、繁盛店をつくるためには「売れる商品」が必要です。雑貨屋さんに限定するならば、**「単に売れる商品」ではなく、「そのお店のコンセプトに合っていて、お客様が欲しい！と思う商品」が品揃えされている**ことが大切です。

では、そういう商品を見つけるにはどうしたらいいのでしょうか？

ターゲットが好みそうな雑誌をチェックしたり、同業他店をリサーチすることは必要ですよね。井川氏も定期購読している雑誌があり、また競合店については、実店舗に足を運ぶ際には、店内の一番いい場所に陳列されている商品（つまりはお店側が売りたい商品であり、売れ筋商品である可能性が高い）をチェックし、またネットショップでも新着商品やランキングを必ずチェックしているそうです。また井川氏は、取引業者となるべくこまめに連絡をとり合い、直接話をすることで、「今、何が売れているのか？」の最新情報を得るようにしています。

じつは井川氏は、以前、某社の人気マグカップが廃番になるという情報を取引業者から入手し、どこの店舗よりも早く、全在庫2000個を『フリーデザイン』用に仕入れた経験があります。その後、2000個を完売するための仕掛けをつくり、実店舗とネットショップで1カ月弱で完売させた、という実績をつくりました。もちろん値段を下げず、定価で2000個を完売させたのですから、お店だけでなく業者さんも大喜びです（P46のコラム参照）。

井川氏のように、情報をいち早く入手するためには、日頃から取引先とこまめにコミュニケーションをとり、いい商品をいいタイミングで仕入れて、双方にとっていい形で販売できるWIN-WIN（※）の関係をつくっておくことが大切です。

SERVICE（サービス／接客・サービス）

「雑貨の仕事塾」の生徒さんに、東京・福生で日本のヴィンテージ雑貨の『レトロスパイス』というお店を開業したかたがいらっしゃいます。大人女子のための昭和レトロな可愛い雑貨を扱っているそのお店のオーナー、相川花実《そのみ》さんがお店を始めたのは、リサイクル業を経営されているご主人の仕事の関係で集まった昭和レトロな雑貨がきっかけでした。

ご主人から「店番していてくれるだけでいいから販売してみないか？」と言われて始めたのですが、ツイッターやブログでの問い合わせがふえたこともあり、やるのであれば本腰を入れて！ということで、今はオンライン学習で学んでいます。もともと勉強熱心なかたなので、セミナーに通うだけでなく、同業の他店へも積極的に足を運んでリサーチをしていました。そんな中で相川さんは、ヴィンテージ雑貨のお店ではお客様に声をかける接客のタイミングがとて

※WIN-WIN　直接的には「自分も勝つし、相手も勝つ」の意味。依頼する側も依頼を受けた側も、双方がメリットを得られる状態のこと。どちらか一方だけが得をして、一方が損をする関係では、継続的に友好なビジネス関係は築けません。雑貨屋さんの場合は、仕入れ先、お客様の両方とWIN-WINの関係で、対等であるべき。

も重要だということに気がつきました。

ヴィンテージ雑貨は個人の趣味・嗜好がより反映される商品なので、「古いモノのもつ独特の雰囲気やスタイルが大好き」という人が来店します。まずは店内をじっくりと見て自分のお気に入りを探し、吟味して吟味して最後にスタッフに話を聞くという、ゆったりとしたリズムがあります。

たとえばお洋服を買いに入ったお店でも、同じように感じるところがありますよね。店内に入ったら「まずは1人でじっくり見せてください！」というお客様の心理。それをじゃまされると、それだけでお店を出たくなることもあります。


接客については、そのお店の方針として、積極的にお客様とコミュニケーションをとろうという戦略をもっているお店と、そうでないお店とに分かれます。

私がプロデュースをしていたお店では、積極的にお客様とのコミュニケーションをとりながら、お店のファンづくりをしようという方向性で、店内のお客様にお声がけするように心がけていました。井川氏は、お店の方針としてルールを決めるのではなく、**接客サービスについてもお客様にその選択肢がある**と考えています。

「スタッフとコミュニケーションをとりたい」、もしくは「商品のことが知りたいので声をかけてほしい」というお客様に対する接客、「自分で自由に商品を見たい」と思っているお客様に対する接客、そのときどきでスタッフは、「何をするのがベストなのか」を考えたうえでの接客をしています。

レトロスパイス
東京都福生市福生788
☎042-551-7865
http://ameblo.jp/retrospice/

前者のお客様に対しては、「お客様の知りたいことに対してより多く答えられるように」と店長とスタッフが商品知識についての情報を共有しています。お客様から商品についての質問があったとき、誰であっても正しく答えることができるように、商品情報用のノートをつくり、また、新しく得た知識についてはパソコンメールを使って全員がその情報を共有できるようにしているそうです。

一方で、1人でゆっくりと店内を見たいお客様に対しては、お客様がスタッフに声をかけなくても、そのお店の商品を知ってもらえるようにするためにPOPを充実させています。

商品の名称や価格、ブランド名や原産国などといった基本的な事柄だけでなく、使ったときにお客様にどのようなメリットがあるかということも、店内のPOPで必ず表示しています。

「この商品を買うことで今の生活が激変するほど、シアワセなものなのかどうか」、それを伝えることが井川氏のお店のサービスの価値でもあります。

個別の商品の情報だけでなく、新商品であれば「NEW」のPOPを、再入荷の際には「再入荷」のPOPがあるのも便利です。

また、店内にある商品で、あらかじめパッケージングされた商品は必ずサンプルを出し、すべての商品に手でふれられるようにしています。**「そもそも商品をさわらないと、お客様は欲しくはならない」**と井川氏は言います。香りモノの商品であれば香りのサンプルがあったほうがわかりやすいですし、ボールペンであれば試し書きができるようでないと購入したくはなりません。確かに、箱に入ってパッケージングされている商品でも、中身がどうなっているのか知りたいモノはたくさんあります。

「お客様が気持ちよくお買い物ができるのがベストである」という基準のもと、スタッフの接客やお店のサービス、ＰＯＰの内容を考えれば、必然的に何をするべきなのかがよくわかります。

また、〝お客様への気配り〟という点で井川氏がお店で実践していることのひとつに、営業時間の設定があります。営業時間はそもそも地域ごとに違いますが、いつでも来店していただけるようにと、『ディーラーシップ』も『フリーデザイン』も基本的に年中無休です。

オープン時間については、地域の特徴に合わせて、高円寺の『ディーラーシップ』は近隣店舗と並んで12時に、吉祥寺の『フリーデザイン』は11時にしています。

ネットショップの場合には、梱包のていねいさ、ラッピング資材の素材や量、発送の早さがサービスの基準として設定されています。特に発送の早さではお客様からも「早い」「うれしい」とレビューに多く書かれているとおり、『ディーラーシップ』では15時までの注文であれば、その日のうちに発送。『フリーデザイン』の場合には件数が多いこともあり、正午までに受けた注文分をその日のうちに発送しています。梱包がていねいであり、到着が早いということは、ネットショップの利用者にとってなによりもうれしいことだと思います。

小さな決まりごとですが、話を聞くと、そのどれもこれもがお客様が喜んでくださることを基準に決められているということがよく理解できます。

Column №3

売れる商品をさらに売るために『フリーデザイン』がしていること

イギリスで園芸用のゴムバケツとして誕生したタブトラッグスという商品をご存じですか？カラフルなカラーバリエーションと豊富なサイズをラインアップしていて、しかも、キッチン、リビング、アウトドアといずれのシーンでも自由に使うことができる商品とあって、雑貨業界でも大ブームとなった人気商品です。多くの雑貨屋さんで販売していて、どこのお店でも売れている商品ですので、当然、このタブトラッグスを取り扱う『フリーデザイン』でも、実店舗、ネットショップともに人気商品としてランキングに入っています。ただ、どちらかと言うと、このタブトラッグスは実店舗よりもネットショップでの人気が高い商品だと聞いたことがあります。その理由は、Sサイズでも14ℓ入る大きさなので、持ち帰るにはちょっとかさばるからなので、納得です。

この、どこのお店でも売れている商品を、さらに『フリーデザイン』が売るためにしたことを聞いて、「お客様が喜ぶコトをする！」ということの本当の意味を知り、感動したことがありました。

井川氏は、この人気の商品の最もよい梱包方法をリサーチするために、ライバルのネットショップ4〜5社からタブトラッグスを購入してみたそうです。各ネットショップから届いたタブトラッグスは、箱に入れられて送られてきたもの、パッキンで巻かれてきたもの、ビニール袋に入って送られてきたものなど、同じ商品でもさまざまな形で届きました。

その後、その発送方法について「どれがお客様目線でよい送られ方だろうか?」ということを、スタッフみんなで検討したそうです。

箱に入ってきたら確かに見た目はキレイですが、箱そのものが大きいので女性が空き箱を処分するのはちょっと面倒で大変です。ビニール袋に入れられてきたものは、お金を出して購入したものではないような扱いに感じられました。最終的に、段ボールは使わずに、パッキンだけでくるむという方法を採用しました。過剰梱包にしないことで、エコにも配慮した方法です。この梱包方法が多くのお客様から評価されたことで、さらにリピート注文が大幅にふえたそうです。

ひとつの商品をより多く販売して、お客様に喜んでもらうために何をすればいいのか?を考えた結果の、井川氏の当たり前の行動です。

「一生懸命やっている」「お客様のことを考えている」というネットショップのオーナーさんの多くは、果たしてここまでのことをやっているでしょうか?

「キレイに梱包されていればいい」ということではなく、あくまでもお客様の目線に立った梱包をすることこそが、「お客様が喜ぶコト」をし続けることにつながっているのです。

CLEANLINESS（クリンリネス／環境整備・整理整頓）

今から20年近く前になりますが、外資系企業のＯＬから某家庭用品メーカーが運営するヨーロッパのキッチン雑貨を扱う雑貨屋さんのスタッフに転職しました。オープニングスタッフの募集で入社したのですが、同期は雑貨店勤務が初めてというメンバーばかり。そんな中で、試行錯誤しながら全員でお店運営のルールを決めていきました。一番はじめにつくったのは店内清掃のルールでした。

なぜ店内清掃のルールが最初だったのでしょうか？

それは雑貨屋さんの1日は店内の掃除から始まるからです。誰がいつどこをどのようにして掃除をするのか？　から拭きなのか水拭きなのか、納品された商品の段ボールは誰がいつ捨てに行くのか？　ささいなことではありますが、決まっていないと、単純なことにもかかわらず個人差が出てしまいます。また、このほんのささいなことが、お客様にとってのお店の評価や評判にも影響を及ぼしてしまいます。

最初は「時間があるときに手があいているスタッフがやろう」と話をしていながら実践できずにいた、棚拭きのルールについては、このように決めました。陳列されている棚を1週間でブロック分けし、毎日、早番スタッフが該当する棚と陳列されている商品をから拭きすること。これは多くの店舗が店内清掃のルールにしていることです。

『フリーデザイン』でも、1週間で店内をひととおり掃除できるようにと、レイアウト図と曜日ごとの指示書をつくり、さらに終わっているところについては担当した人がサインを入れるようにして、スタッフ全員がわかるようにしているそうです。

個人店の場合には、どうしても「手があいているときにでも……」とあと回しにしてしまいがちな掃除ですが、商品をひとつひとつ手にとってみると、1週間もたたないうちにホコリをかぶっている商品はたくさんあります。「できればやる」と「絶対にやる」は、その成果が全く違います。店内が清潔であることは、お客様をお迎えするうえでの基本中の基本です。

さらに『フリーデザイン』では、お客様に「ずっとお店にいたい！」と思われる快適な環境を提供するために、その日の天気や気温とお客様が着ている洋服を見て、空調の温度を調整しているそうです。たとえば、冬場で外の気温が低く、寒い日は、ほとんどのお客様はコートを羽織ったまま入店します。そのときに店内の温度がコートを着ていないスタッフに合わせていると、お客様はコートを脱ぎ着しなければならず、もしくは暑くてもがまんしなければならない状況になります。お客様が空調で不快に感じるということは、店内でゆっくりお買い物ができる状態ではないということにもつながります。

入店されるお客様に合わせて空調を調整して、スタッフはレジの中だけ電気ストーブを使用するなどして対応しているそうです。基本はあくまでもお客様。それが店内の環境についても反映されているというエピソードです。

店内がキレイで心地よいことはお客様のためであることはもちろんですが、スタッフ全員が気持ちよく、さらに効率よく仕事ができることにもつながります。

「いい商品」を販売するためには、さらに、その商品がお客様にとって**「〝欲しい！〟と思う状態で並んでいる」**ことや、**「お客様が〝欲しい！〟と思うタイミングできちんと提供できる」**

ということも重要です。

「〝欲しい！〟と思う状態で並んでいる」とは、商品そのものの魅力だけではなく、商品のよさをよりよく見せることによって、お客様が思わず欲しくなるような陳列が必要であるという意味です。

『ディーラーシップ』『フリーデザイン』には、スタッフが共有している陳列のマニュアルがあります。マニュアルと言っても、ディスプレイの具体的な方法が書かれているのではなく、お客様が最善の形で商品を手にとることができるようにするための、基本的な陳列の〝心がけ〟が書かれています。

たとえば、「背の高い商品を手前に置かないこと（奥の商品が見えなくなる）」や「バーコードが表向きになるように並べない（見栄えが悪い）」などのように、いわば当たり前のことについてもこまかな記載がされています。

「当たり前のことほどできていない」という店舗は、じつは多く存在しています。あえて、その〝当たり前〟を共有項目とすることで、スタッフの意識が高まり、また、お店の〝スタンダード〟をスタッフ全員が理解することにもつながります。

「いい陳列」というのは、「お客様が欲しいと思う商品にたどり着きやすい」動線があり、「手にとりやすい並べ方がされている」ことだと井川氏は言います。

たどり着きやすい動線をつくるために、ファイヤーキングを扱う『ディーラーシップ』では、商品はメーカーやカテゴリー別に陳列されています。その理由は、「お客様の多くはカテゴリー別にファイヤーキングをコレクションしているから」なのだそうです。

企業系広告のアドマグを集めている人、緑色のジェダイを集めている人など、お客様が欲しいと思う商品はさまざまですが、欲しいと思う商品にすぐにたどり着けるように、店内ではカテゴライズされたディスプレイが徹底されています。

セレクトショップの『フリーデザイン』の場合は、大きく3つのカテゴリーに分けられています。インテリア雑貨、ステーショナリー、テーブルウエアがその大きなくくりで、売り場もこの3つのカテゴリーを軸にして配置、構成されています。

それぞれのカテゴリーの中に、北欧コーナーやコーヒーコーナーといった、モチベーション、季節、国などのテーマ別に、そのときどきの提案陳列がされています。

また提案については、週に一度は必ず、店内のいずれかの場所のディスプレイをかえて、お客様に違った形で商品の魅力を伝えるようにしています。

新商品や人気商品の再入荷の際には、お客様の目が一番いきやすい入り口正面の棚やお客様の目のラインに合った場所に陳列します。お客様の目にとまりやすい位置に置くことで、売れている商品をよりたくさんの人に見てもらい、購入してもらうことができます。

お店によって、お客様が求めているモノやコトは違いますが、**「欲しいと思う商品が見つけやすく、手にとりやすい」ということが、じつはお客様にとって「ストレスがなく、心地よいお店」の理由のひとつになる、**と井川氏は言います。つまり、商品の提案の仕方によって、お客様にとって居心地のいいお店づくりが実現するということです（ディスプレイ方法や動線、売り場の構成については、P68～で詳しく紹介します）。

「商品」について、もうひとつ大切なことがありましたね。それは、「お客様が欲しいと思う商品が、欲しいと思われるタイミングできちんと提供できている」ということです。

人気商品については「在庫切れがない」ことはもちろん、新商品、人気の商品が、常に店頭に並んでいなければなりません。

そのために大切なのが、**「人気商品の販売予測を的確に行い、随時仕入れておく」**ことと、**「売れていない商品をできるだけ早く現金化する」**ことです。

雑貨というのは、食品のように賞味期限がなく、売れるまでずっと棚に並べておくことも、実質的には可能です。しかし、井川氏は、物件に家賃がかかっているように、「商品にも家賃がかかっている」と言います。

個人で経営する多くの雑貨店は、売れていない商品のためにスペースをとられ、仕入れ予算がつくれないために新商品を仕入れることができません。

そのため、いつまでたっても売れていない商品が店頭に残り、新商品がなかなか入ってこないことでお客様から飽きられる、というネガティブスパイラルに陥っているケースがあります。また、季節商品の売れ残り在庫を処分せずに、そのまま次のシーズンに持ち越すケースもあるようです。これではお店の鮮度は落ちるばかりです。

ＰＯＳシステムを導入していない店舗であっても、実際に店頭に立ち、販売に携わっていたら、「どの商品が売れていて、どの商品が売れていないのか」は一目瞭然だと思います。

基本的には「コンセプトに合っていて、なおかつ売れる商品」だけを仕入れられるのがベストですが、残念ながら店内には「売れる商品」がある一方で、「売れない商品」も並んでいるのです。

売れる商品は毎週、発注するのに対して、一般的な小売業の場合には、90日に1個しか売れない商品が売り場全体の40～60％を占めていることが多いようです。

『フリーデザイン』の場合には、SABC分析（※）をして、Sの爆発的に売れる商品、Aの定番的に売れる商品の仕入れに努力する一方で、Bのたまに売れる商品、Cのほぼ売れない商品については、まずC商品から現金化するための手段に出ます。入荷後、一定数が売れていない商品については店頭から外し、ネットショップのみで販売するか、もしくは在庫処分のセールに回すのです。

新入荷の商品が多いということは、「常にお店の鮮度が高く、お客様にとってワクワクするような環境をつくり出せている」ということです。

そのために来店頻度が上がり、固定客がつきやすく、さらにクチコミで広がります。

売れている商品を見極めて、より多く売るための在庫を確保すること、売れていない商品を見極めて一刻も早く現金化することを心がけましょう。

※**SABC分析**　ABC分析とは、商品を売上げごとにABCの3つのランクに分けて管理する手法。商品を売上高の多い順にA、B、Cの3つに分けます。累積構成比の70～80％の商品をA区分（主力・人気）商品、80～90％をB区分（準主力）商品、90～100％をC区分（非主力）商品に分けて管理します。さらにA区分商品の中の上位20％を売り上げているものをS区分（最重要・大人気主力）商品としてランクづけしたものがSABC分析。売上高の大きい商品の利益が多いというわけではありません。

Column № 4

備品の正しい選び方・買い方

雑貨屋さんを開業する際には、運営、営業に使うためのさまざまな備品が必要です。

店舗取得費や内外装費など大きな出費に目が向きがちですが、商品をディスプレイするための棚やテーブルから、パソコン、プリンター、レジなどの機器類まで（詳細は『雑貨屋さんになりたい』の開業資金のページをご覧ください）、必要なモノを全部揃えるとなると、意外と費用がかかるものです。

経費を抑えるためにオーナーさんたちがしていることの中には、テーブルや棚などは自宅から持ち込んだり、近所に声をかけて不用品を譲ってもらい、什器に使う例があります。東京・祐天寺にオープンした『アンドフラワー』のオーナー齋藤いつみさんは、閉店する店舗に什器を譲ってもらおうと、ネットで「店舗　閉店」のキーワードで探したそうです。そのあまりの数の多さに「テンションが下がった」と笑って話をしてくれましたが、結局、オークションサイトで閉店店舗が出店していた什器を１００円で落札。車でとりに出かけたその閉店店舗で、ほとんどの什器を送料分程度の2万円ほどで譲り受けたそうです。什器調達は抑えようと思えば抑えられるポイントである、と話してくれました。

ネットショップ開業の場合はどうでしょうか？

ネットショップ開業の際には、パソコン、デジカメ、プリンター、ストック棚、梱包資材など

アンドフラワー　東京都目黒区祐天寺1-21-16-C
☎03-6303-0690　http://ameblo.jp/and-flower225/

が必要です。

基本的には量販店で購入できる機材や資材で十分なのですが、井川氏の視点で言う、モノ選びの基本を教えてもらいました。

まずパソコンを例にとってみると、店舗と事務所で利用するには「最初からいろいろなソフトが入っている必要はない」という理由から、最もシンプルで耐久性があり、コストパフォーマンスが高いと判断したＤＥＬＬ社のパソコンを購入しました。

また、カメラは、プロ仕様であることや最新の機能を備えている必要はありません。井川氏のお店の場合には、物撮り用のデジタルカメラとイメージカット用の一眼レフカメラの2種類を使っています。どのような写真を撮りたいかを決め、それに合わせたカメラをリサーチして、同じ機能と耐久性を併せもっているのであれば、一番安いメーカーの商品を、一番安いお店で購入しています。

井川氏、そしてお店のスタッフは、購入の際に、「楽天」「アマゾン」「ヤフーオークション」「価格ドットコム」のだいたいこの4カ所は、比較のためにリサーチをしているそうです。

パソコンにしろ、カメラにしろ、つい、カッコよさや多機能であることがいいと考えがちですが、ネットショップ（実店舗を含めて）運営上の作業を考えたうえで、いろいろな機能がついたモノではなく、自分たちにとって必要な機能のあるモノで、耐久性のあるモノを見極めて選ぶことが、本当の意味での「コストパフォーマンスにすぐれた商品選び」であると井川氏は考えています。

Column №4

また、文具、事務用品、紙袋、段ボールなど、日常で比較的頻繁に使う消耗品類についても、必ずインターネット上のいくつかの店舗で比較をして、良質のものを最安値で買うようにしています。これらについては、業者ごとにリストをつくり、それぞれの備品の1個あたりの単価を記載して、スタッフにも1梱包あたりの資材費や、運賃などの発送コストがいくらかかるのかということがわかるようにしています。

さらに、備品購入も、定期的に価格をリサーチして、随時、取引業者の見直しをするそうです。こういった業者は一度決めると変更しないことのほうが多いのですが、定期的な見直しをすることで、いかにコストが変わるかが目に見えてきます。

43 222
$ 388

第3章

繁盛する
実店舗&ネットショップのつくり方
実例編

井川氏が経営する2つのショップ『ディーラーシップ』『フリーデザイン』を実例に、実店舗とネットショップ、倉庫＆事務所づくりの具体的なポイントを解説します。

売れる実店舗のつくり方

第2章でご紹介したとおり、「すべてはお客様に喜んでいただくために!」
というモットーでお店が成り立っている『ディーラーシップ』と
『フリーデザイン』。具体例のあれこれを写真で説明していきます。

この2店舗でケーススタディ

右／井川氏と一緒に起業した共同経営者の伊藤聡さん。左／ 7坪でスタートした旧『ディーラーシップ』（現在は『cotogoto』店舗に）。

4000アイテム以上のファイヤーキングが並ぶ DEALERSHIP ディーラーシップ

東京都杉並区高円寺南3-45-18-2F
TEL/FAX：03-3314-7460
営業時間12：00〜20：00　無休
http://www.dealer-ship.com

2012年4月17日移転オープン

「ファイヤーキングのすごい店が高円寺にある！」と話題の『ディーラーシップ』。2012年4月、旧店舗から徒歩1分の場所に移転。事務所を併設した25坪の新店舗には、約4000個のファイヤーキングが並びます。

カラフルで楽しいヴィンテージマグに、思わず時間がたつのも忘れてそこに居続けたくなります。

高円寺駅南口からのびるPAL商店街に面した新店舗。通りに面したビルの2階にジェダイシリーズが陳列されている様子が見える。

世界各国から集めた
大人のためのデザイン雑貨

Free Design

フリーデザイン

使いやすさとデザインにこだわった、国内外の雑貨をセレクトした『フリーデザイン』。オープン当初はヨーロッパを中心とした輸入雑貨をセレクトしていましたが、お客様のニーズに合わせて、国内のデザイン雑貨も取り扱うように。

シンプルで飽きがこないもの、スタイリッシュでデザイン性の高いもので、男女問わずに使える雑貨が豊富と評判です。

吉祥寺駅北口から徒歩５分。雑貨屋さんが立ち並ぶ中道通りに面したデザイナーズビルの2階。大きな窓から店内のカラフルな雑貨が見え、楽しげな雰囲気が伝わってくる。

東京都武蔵野市吉祥寺本町2-18-2-2F
TEL/FAX：0422-21-2070
営業時間11：00〜20：00　無休
http://www.freedesign.jp

右／ショップのファンからスタッフになった西川麻耶さんはアクセサリーの仕入れを担当。左／実店舗の運営に携わっている社員の宮原剛さん。元アパレル会社勤務の"おしゃれ担当"！

STUDY・1

看板・入り口

ふらりと立ち入りやすい1階店舗に比べ、2階はひと手間かかります。看板や入り口に工夫をして、「行ってみたい!」と思うお店にしましょう。

買いやすい価格帯の商品を入り口に並べて

比較的安価なアメリカン雑貨やセール品を入り口に並べて、気軽で楽しい雰囲気や親しみやすさを演出。

看板には店名だけでなく取り扱っている商品も記載

アクリル板にカッティングシートで自作。

何のお店かわかるように、取り扱い商品やお店のURLを記載。これをチェックしてから入店するお客様もいるそう。

DEALERSHIP のケース

思わず入りたくなる写真を意識して記載!

ビルの看板には商品写真も記載してわかりやすく

「お店の様子が見えないと不安……」。そんなお客様のために、店内の様子や取り扱い商品がひと目でわかる写真を入り口脇の看板に。

Free Designのケース

写真は新商品の入荷などに合わせて定期的に入れかえ。

取り扱い商品の多さもずらり並べた写真でアピール

2階に通じる階段前の扉に看板を設置。見やすい高さに取り扱い商品の写真を数多く記載することで、興味を引く。

誰でも知っているカラフル雑貨を入り口に

階段下から見上げると、カラフルなタブトラッグスが楽しい雰囲気を誘う。

既製のフレームに自社でデザインしたポスターを。

タブトラッグスは毎日拭いてお掃除。キレイもアピール。

ショップのコンセプトを看板でもアピール

コンセプトと、それを象徴するような商品の写真で、思わず入りたくなる看板に。

STUDY・2

店内レイアウト

取り扱い商品によって店内のレイアウトは変わってきます。専門店の場合、セレクトショップの場合、それぞれのケースを学んでみましょう。

数が少なめのシリーズはまとめてワンコーナーに

色合いが楽しいシリーズは、ひとまとめにしてぎゅっと陳列。

ゆっくり選びたい商品は、あえて店内の奥に

ファイヤーキングと言えばジェダイ。店内奥へと誘い込む効果も狙える。

DEALERSHIPのケース

コレクターのニーズに合わせてジャンル別にコーナーづくり

ジャンル別にコレクションしている人が多いファイヤーキング。店内レイアウトもジャンル別にするのが基本。

パターンプリント

アドバタイジング

キャラクタープリント

Free Design のケース

欲しい商品、関連商品が見つけやすい配置方法に

セレクトショップは、ステーショナリー、インテリア、テーブルウエアなど、カテゴリー別にまとめてレイアウト。

テーブルウエア

インテリア

ステーショナリー

季節やモチベーションに合わせて提案するコーナーも

コーヒーをテーマにしたコーナー。提案型のコーナーでは、関連商品を"ついで買い"しやすくなる。

同じアイテムのコーナーでも什器によって差別化

リサ・ラーソンのオブジェをまとめた一角。高額なヴィンテージ品は同じコーナーのガラスケースに入れて。

STUDY・3

商品ディスプレイ

どの商品を、どこに、どういうふうにディスプレイするかによって売上げが変わります。見やすく、さわりやすく、欲しくなる!ディスプレイとは?

見やすく、さわりやすく!がディスプレイの基本

柄を見やすくするために前後の位置をずらし、後ろの商品は手にとりやすいように高さを出して陳列。

新商品や一番売りたい商品は入り口近くの目につく場所に!

入り口近くのテーブルや棚には一番売りたい商品を陳列。ほぼ毎週ディスプレイ変更するように心がけて。

在庫分は箱のままディスプレイして時短

箱がキレイな商品は、在庫も箱に入れたまま店頭に陳列。在庫をとってくる手間と時間が短縮される。

売りたい商品は POPも充実させて陳列

人気オリジナル商品のスリッパは、サイズ別にバンカーズボックスへ。履いたイメージがわかるようにPOPも写真で。

高額＆レア商品は ガラスケースに入れて

リサ・ラーソンのオブジェも、レアなファイヤーキングも、それぞれガラスケースに入れて陳列。特別感を演出しつつ、万引き対策にも。

デッドストックは あえて箱のまま陳列

40年前のデッドストック（未使用）商品は、あえて見つかったときと同じ箱入りの状態で陳列してレア度をアップ。

STUDY・4

POP

スタッフにかわってお店や商品の情報をお客様に伝えるPOP (point of purchase)。どのように活用するか実例をあげてみました。

タイムリーな情報でお客様の目を引きつける

上／新商品の案内は黒い紙に白抜きの文字で。下／"今"しか購入できない限定品は、ふき出し風にしっかりアピール。

購入後の使用イメージを写真にして鮮明に！

食器は料理を盛りつけたらどんなふうになるのか？を写真で紹介。購入後のイメージがより具体的になる。

使用シーンの写真で、ライフスタイルまで想像させて。

欠品案内は予約受付とワンセットでお知らせ！

右／現品以外の在庫がない場合には、現品販売するか予約受付を。上／予約受付で再来店の動機づけ。

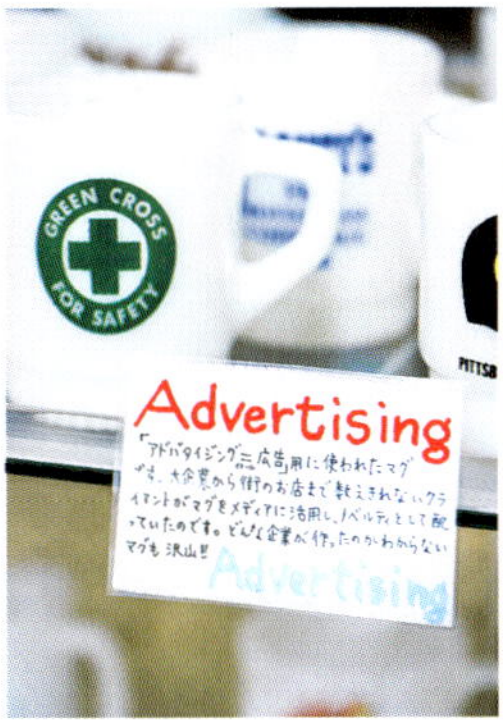

ジャンル別の商品紹介は説明と一緒に

ジャンル別に収集しているコレクターが多い商品は、その説明を棚ごとに。

ファイヤーキング以外の商品はメーカーをPOPで説明

アメリカを代表するヴィンテージのグラスウエアのほかのメーカーの商品も、その特徴についてしっかり説明している。

ヴィンテージ商品はコンディションも明確に

ひと目でその商品のコンディション（状態）がわかるように3段階で表記。その見方もわかりやすい場所に表示する。

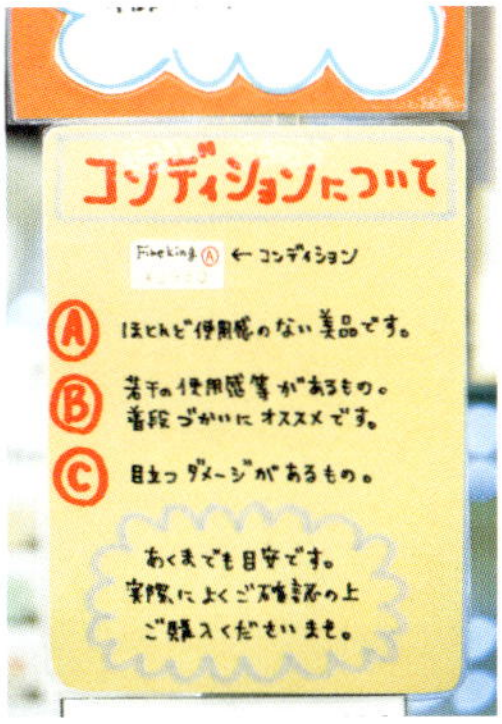

マグカップの容量もひと目でわかるPOP

スタッフがひとつずつすべてを計量してつくった容量表。

コレクター心を刺激する年代の見分け方情報を紹介

ファイヤーキングのレア度もわかるマグ底面のロゴスタンプ。年代、デザイン別の見分け方も店頭で紹介。

STUDY・5

販促物・ラッピング

販売を促進するために使っているツールと、お店や取り扱いアイテムによって変わるラッピング方法についてご紹介します。

取り扱いアイテムによってラッピング方法も変える！

もともと箱がないヴィンテージ商品は、用途やお客様の要望に合わせてラッピング方法を変える。

お店の周年記念にはオリジナルグッズを制作！

『フリーデザイン』の4周年を記念してつくった、北欧の都市名のトートバッグ。お客様への感謝を込めて。

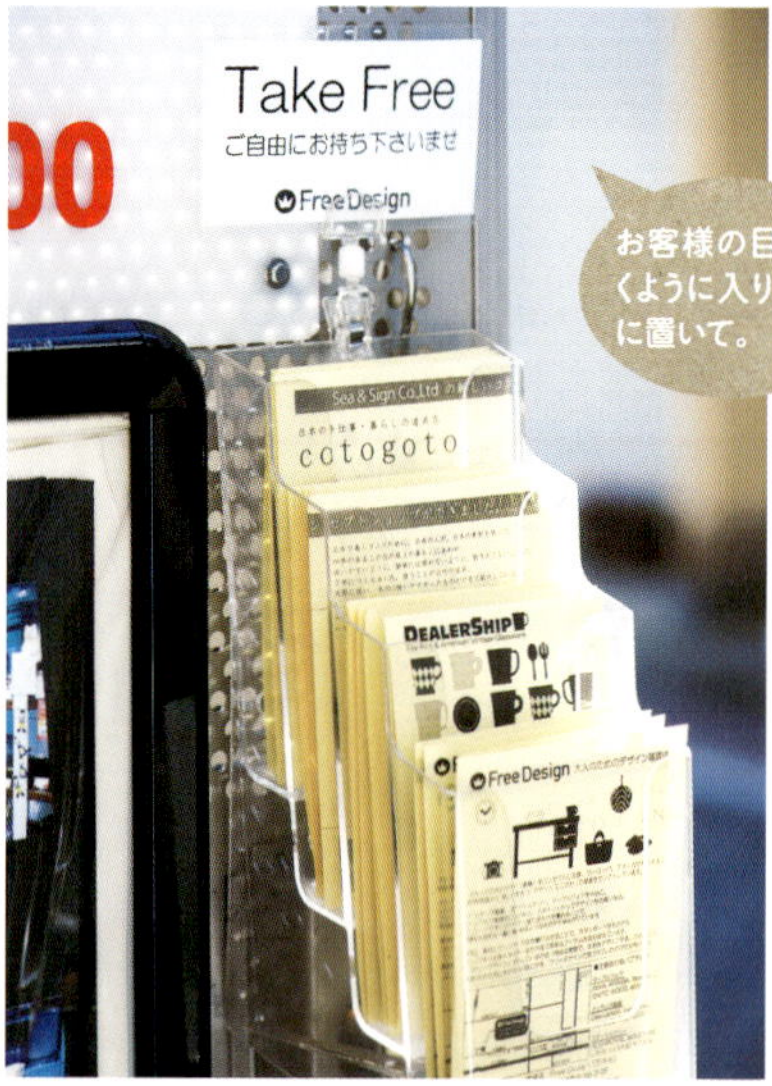

お客様の目を引くように入り口前に置いて。

1店舗の来店で3つのお店のファンづくり！

井川氏が経営する3店舗の情報が掲載されたチラシ。ほとんどのお客様は3つのネットショップを見てくれるそう。

倉庫・事務所のつくり方

実店舗、ネットショップの裏側となる事務所や倉庫。
ここでもお客様へのサービスの向上を目的として、スタッフが毎日業務に携わっています。繁盛店の裏側はこうなっていました!

『シーアンドサイン』の倉庫・事務所でケーススタディ

STUDY・1

商品メンテナンス

ヴィンテージ商品は販売前に状態を徹底的にチェック。中古でも新品同様に!が、「シーアンドサイン」のポリシー。

お客様の手にふれる前にぴっかぴかに!

右／ユーズドのマグでも、落とせる汚れは独自で開発した洗浄方法でキレイに。左／洗浄前のマグは倉庫に陳列。店頭に出ていないものをチェックし、優先的に洗浄後、店頭へ。

STUDY・2

撮影スペース

ネットショップの売上げの決め手となる写真。事務所兼倉庫の一角にスペースを確保し、専任スタッフが撮影。イメージ写真はスタッフの自宅で撮ることも。

イメージ写真は、なるべく自然光で撮影できる時間を選んで、窓辺の机の上で撮影。

物撮り写真は、まわりのものが写り込まないように専用の機材や照明を用意。

プロ仕様でなくても、簡単にキレイに撮れるカメラを。

カメラは用途に合った機能のものを2台用意

物撮り用はすぐにピントが合わせられる機能のついたデジカメで、イメージ写真は一眼レフで。

STUDY・3

倉庫

倉庫は単に商品の在庫や備品を置く場所ではなく、スタッフが効率よく作業できるようにレイアウトや商品の管理方法を工夫することも重要です!

棚のレイアウトや管理方法で作業効率がアップ!

倉庫の入り口には誰が見てもわかるような配置図を。

商品管理棚はエレクターを利用。人気商品は手にとりやすい中段に、重いものは下段に。バンカーズボックスやかごなどを使ってとり出しやすいように工夫。

配送用の段ボールをサイズごとにまとめて

ネットショップ運営の必需品の段ボールは、倉庫の一角にストック。在庫も一目瞭然。

作業しやすい倉庫は実店舗同様に商品管理

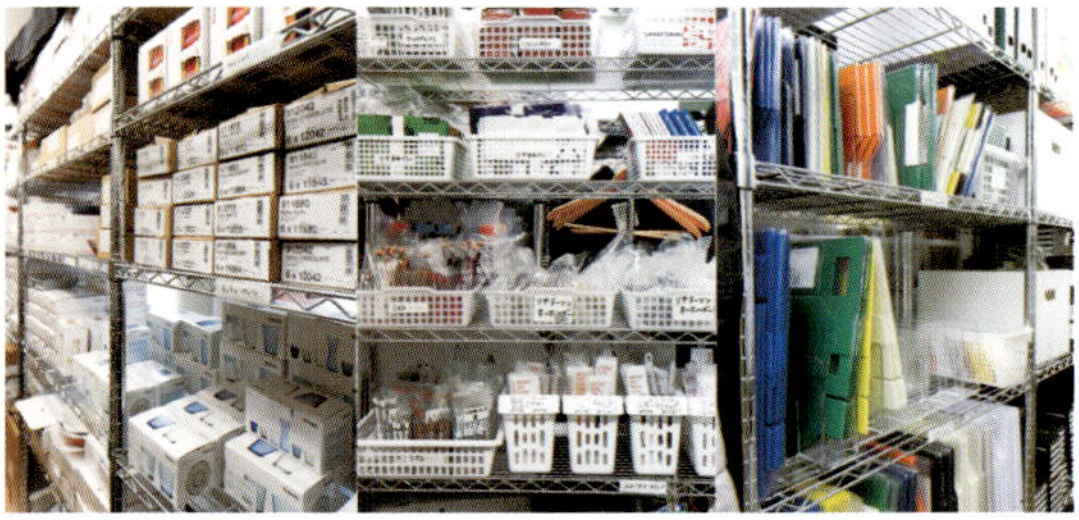

実店舗同様に、ジャンル別、カテゴリー別に商品を仕分けて収納。すぐに発送できるように、箱入りのものは箱入りのままで管理。

STUDY・4

事務スペース

「シーアンドサイン」の事務所兼倉庫は現在2カ所。ネットショップページ制作や商談、ミーティング場所としても活用。

毎週月曜日は終日、社員でミーティングを開催

経営にかかわるすべてを会議で決定。この日は『フリーデザイン』の樋熊敏亨店長と。

ウェブサイト制作は専任スタッフが担当!

ネットショップの制作に携わる専任スタッフは3名。終日、事務所で作業。

STUDY・5

受注から梱包

受注のスピードや梱包状態によっても評価が分かれるネットショップ。ここでは受注から梱包までの流れを紹介。

受注

受注確認後、受注確認メール発信や納品書づくり、発送連絡をPCで。

ピックアップ

受注書をチェックしながら商品をピックアップ。

梱包

過剰包装にならないように商品に合わせて選ぶ。

箱に入った商品も、箱の上からパッキンでていねいに梱包。

箱の中で商品同士がぶつからないようにすき間を薄紙で埋める。

見た目の美しさもお客様にとっては感動のもと。

箱を開けたときにキレイに見えるように薄紙を最後にのせる。

「シーアンドサイン」のほかの店舗の情報も一緒に！

納品書、お店の紹介、サービスのポストカードも一緒に入れる。

女性スタッフの体験から出た、ちょっとした心遣い。

段ボールのテープをはがしやすいように最後に少し折りをつくる。

センスのいいシールはオリジナルでつくったもの。

運送業者に「大切に運んでください」というメッセージを込めて。

COLUMN

店舗の移転・オープンまで

1号店の『ディーラーシップ』は、8年目を迎える2012年4月に3.5倍の広さの物件に移転オープン! 初の移転の経過をリポートします。

移転先の物件探し

移転先の物件は旧物件から徒歩１分の近さ。その理由は、「お客様が迷わないように」と井川氏。LA買いつけの古着屋さんが多いという近隣環境と『ディーラーシップ』との相性のよさもあり、高円寺以外への移転は考えていなかったそう。

店舗と事務所を一体化できる広さのある物件の中から、人通りも多く、窓が大きい現在の物件に決めたそうです。

右／同じ賃料で倍の広さが借りられるということで、2階25坪の物件に決定。内装前の様子。左／商店街の通り側も全面窓ガラス。

店舗のデザイン設計

店舗の内装工事に入る前に3泊5日でNYへ。今回のお店はブルックリンの人気店をリサーチし、その雰囲気をイメージ。木の色をはじめ全体をオーク色で統一。天井をとり外し、床にはフローリングを張り、窓は商品が日焼けしない程度に光をとり込むために一部を開けて、ほかは板張りに。

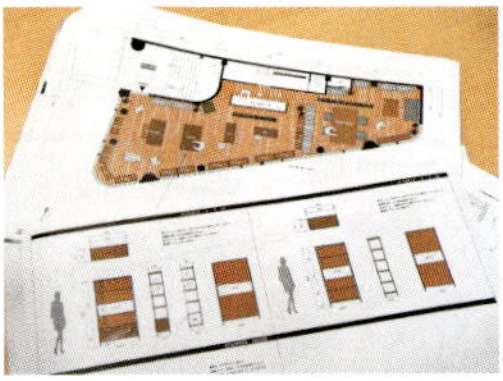

スタッフの知り合いでセンスの合う内装デザイナーに依頼し、相談しながらつくった内装プラン。

通路幅は、人がラクにすれ違えるよう90㎝以上に。

上／窓の前の什器はオーダーメイドで統一。マグをとりやすいようにと、ガラスの棚板は奥行きのあるものとないものを交互に入れている。右／商店街に面した窓にはファイヤーキングの象徴的なジェダイシリーズをディスプレイ。

ファイヤーキングに
合う商品提案の
コーナーを新設

コーヒー関連の雑貨やトレイ、グラスなどを合わせてディスプレイ。

オリジナルデザインの
什器で空間を
トータルに演出

窓側はすべて同じ什器を使用。統一感にもこだわった。

内装工事から引っ越し、移転オープンまで

2012年2月に物件が決まり、3月初旬に契約。同時にNYで物件の内装イメージなどをしっかり固め、内装業者と打ち合わせを重ねました。

一番大変だったのは引っ越しだったそう。というのも、年中無休はお客様との約束事！ということで臨時休業はせず、前日の閉店後20時から赤帽3台と7名のスタッフで店舗と事務所の引っ越しをし、オープンしたのはなんと翌日の12時。移転から商品陳列まで16時間というスピード！

25坪と広くなった店舗兼事務所には、まるで何事もなかったかのように4000個近いファイヤーキングが並んでいます。

オーク調の落ち着いた雰囲気で統一。レジはアンティークの台を加工。

売上げが上がる
ネットショップのつくり方

お客様目線でつくられたネットショップは
ワクワク、快適、使いやすいサイトになります。

フリーデザイン「ディーラージップ」のサイトでケーススタディ

STUDY・1

トップページ

ネットショップのトップページは、
実店舗で言うファサード部分。
「3秒でわかる!」がキーワード。

- ☑ すべてが直感的である（わかりやすい、見やすい、ストレスがない）。
- ☑ バナー、文字が見やすくて、クリックしやすい。
- ☑ さわりたいところにすべてさわれる。さわったら反転する。
- ☑ 期待どおりのリンク先に飛ぶようになっている。
- ☑ レイアウトは、文字バランス、バナーバランス、バナーの枠、罫の色、サイドにまでこだわっている。

❶店名だけでなく、何を扱っているのか、どのようなコンセプトなのかを明記。開いた瞬間にイメージがつかみやすい。サブコピーで、よりわかりやすく！❷今後入荷予定の商品など、とびっきりのNewsを。❸物販をしている一般的なサイトの必要項目がこれ！❹ジャバスプリクトなどの動的な工夫で商品の写真が切りかわるので、見ている人はワクワク！ ネットショップも実店舗と同様に、１週間に一度はトップページの特集、一番目につきやすい場所やトップページの画像がかわっていることが重要。❺お客様が気になる送料については、わかりやすい位置でご案内。かさばるけれど人気商品については、送料の別表記も効果的。

トップページ（つづき）

❻お客様が求めている新商品は、「新着アイテム」としてトップページの目立つところに配置する。『フリーデザイン』の場合には日付を入れて、再来店のお客様にもわかりやすい工夫がされている。❼再入荷アイテムは基本的に人気の高い商品なので、積極的にお客様に入荷のご案内をする。❽週間ランキング（今売れている旬の商品）とベストセラーランキング（過去の累計のベストセラー）を紹介。基本的に人気商品なので、お客様にとって「絶対に間違いのない！いい商品」であることを紹介。定番商品をおすすめしたい場合にはランキング掲載はマスト。❾左バナーにはカテゴリー別、ブランド別にアイテムを並べる。お客様によって、カテゴリーで探している場合、ブランドで探している場合などさまざまなケースがあるため、どのような探し方をしていても探しやすいページづくりが基本。

トップページ（つづき）

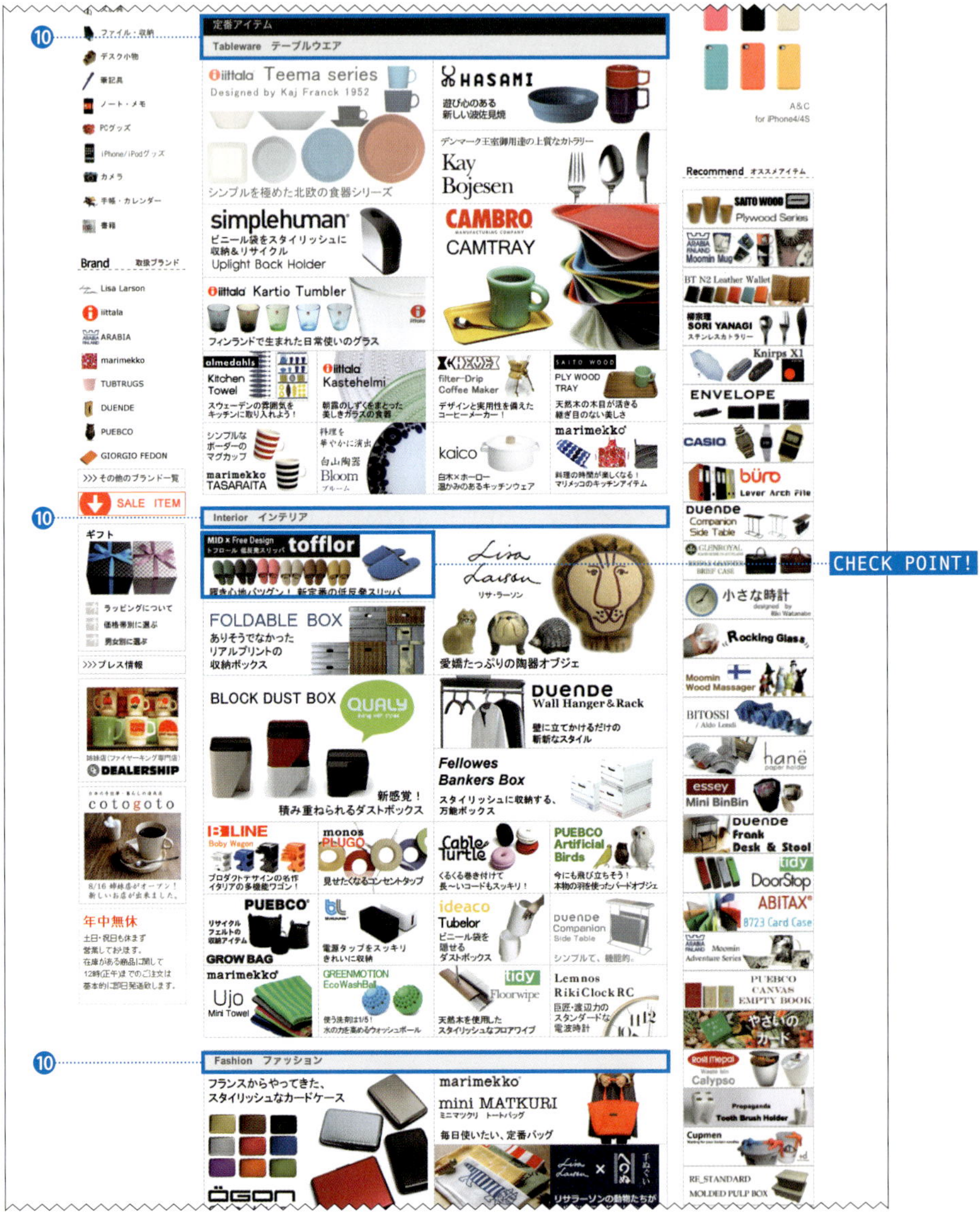

⑩定番アイテムはテーブルウエア、インテリア、ファッションなどのカテゴリー別にブランド名とキャッチコピーを明記。どのような商品なのかビジュアルでも一目瞭然。わかりやすさから、ついほかのアイテムもクリックしたくなる。

CHECK POINT! 『フリーデザイン』の定番人気商品で、オリジナルのtofflorスリッパ。ひとつの商品を爆発的に売るための仕掛けとして、目につきやすい場所にバナーを貼っているのがおわかりかと思います。ほかの定番人気商品についても、このtofflorスリッパと同様に、より多く販売するためにさまざまなカテゴリー上、特集上に商品を掲載しています。売れるものを、より爆発的に売るための努力と仕掛けづくりがじつは隠されています。

トップページ（つづき）

⑪定番アイテムではカテゴリー別に紹介しているが、さらにブランド別、国別、デザイナー別でも探すことができるように表示。

トップページ（つづき）

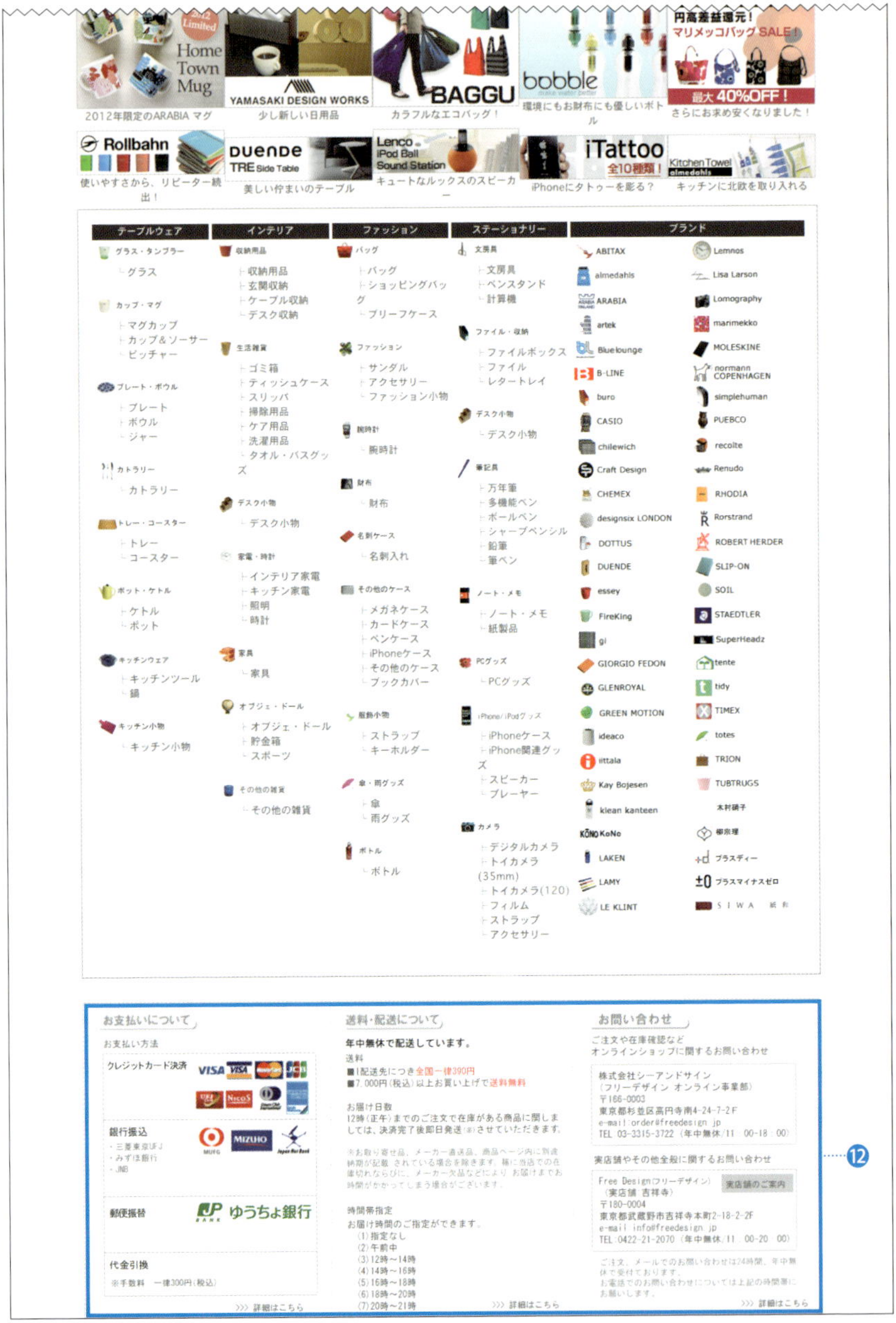

⑫お支払い方法、送料・配送について、お問い合わせなど商品購入に必要なことは詳細ページでもわかるが、トップページにも記載。

トップページ

DEALERSHIP

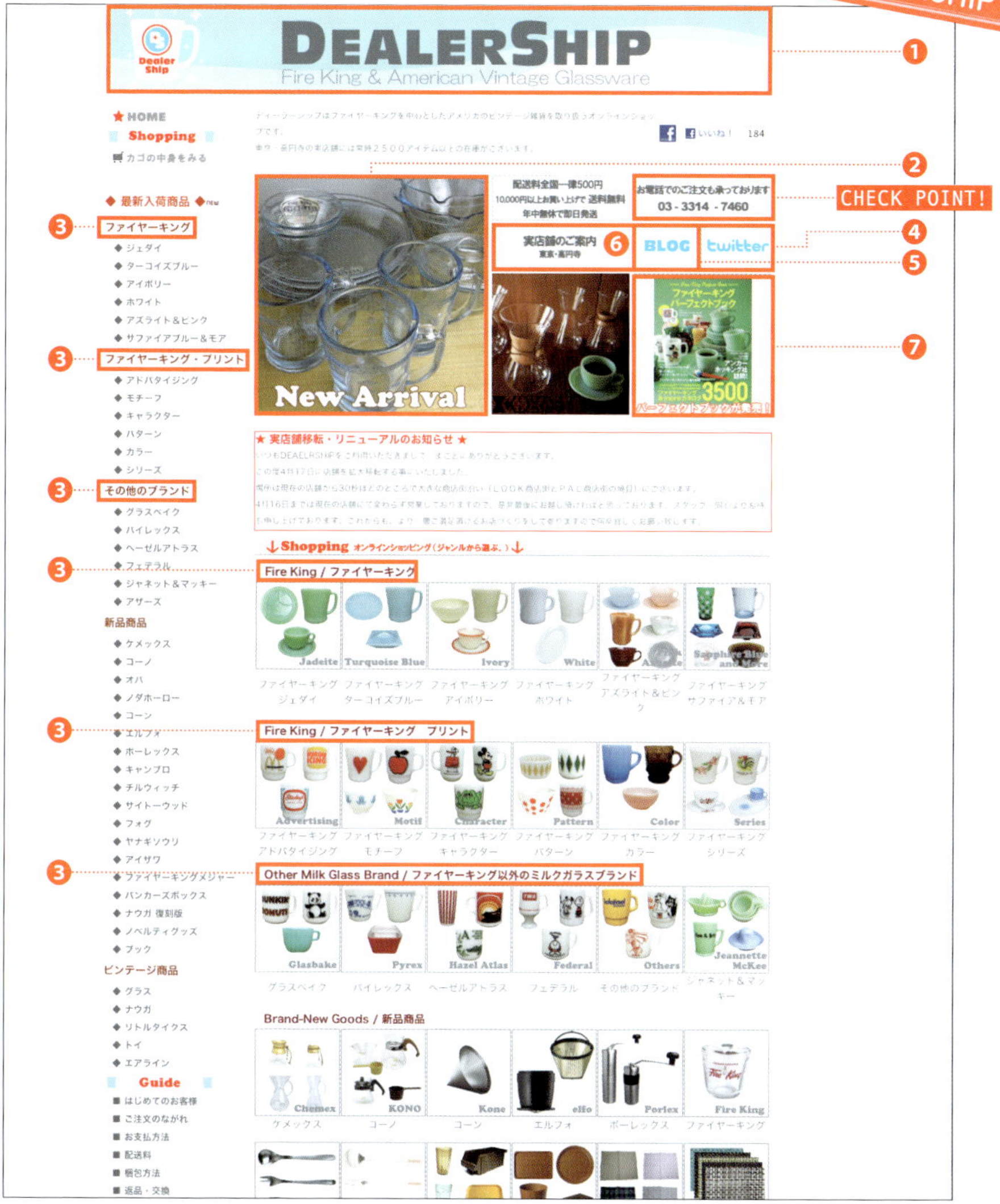

❶一番左にアイコンとなるロゴマークが。その横の店名とアイテムで、何のお店か一目瞭然。❷週4〜5回は新商品がアップされる『ディーラーシップ』では、その週にアップした商品のまとめ写真を掲載。❸『ディーラーシップ』を利用するお客様はジャンル別に商品をコレクションしているケースが多い。そのため、左バナーとトップページの中心にジャンル別のファイヤーキングページを配置。❹❺お店のブログやツイッター、フェイスブックページがある場合には、わかるように記載。❻ネットショップファンの人にとって実店舗があるかどうかも気になるところ。わかりやすい場所に実店舗の案内も。❼メディア掲載情報。雑誌に掲載された場合には画像をトップページに用意。個人店の場合には雑誌に掲載されているというだけでも大きな信用に。CHECK POINT!『ディーラーシップ』を利用するお客様の中には、パソコン操作が苦手な年配の人も多く、電話注文についての案内も、わかりやすい場所に電話番号を記載することで販促につながります。

STUDY・2

特集ページ

実店舗で言うところの「イベント」的な扱いが、ネットショップ上の「特集ページ」。季節やモチベーションに合わせて、そのときどきでお客様に紹介したい商品をピックアップ。

- ☑ A、B、C、D、E、Fは全ページ固定。
- ☑ どのページを見てもA、B、C、D、E、Fの項目がついていることが、ネットショップ内の回遊につながりやすい。

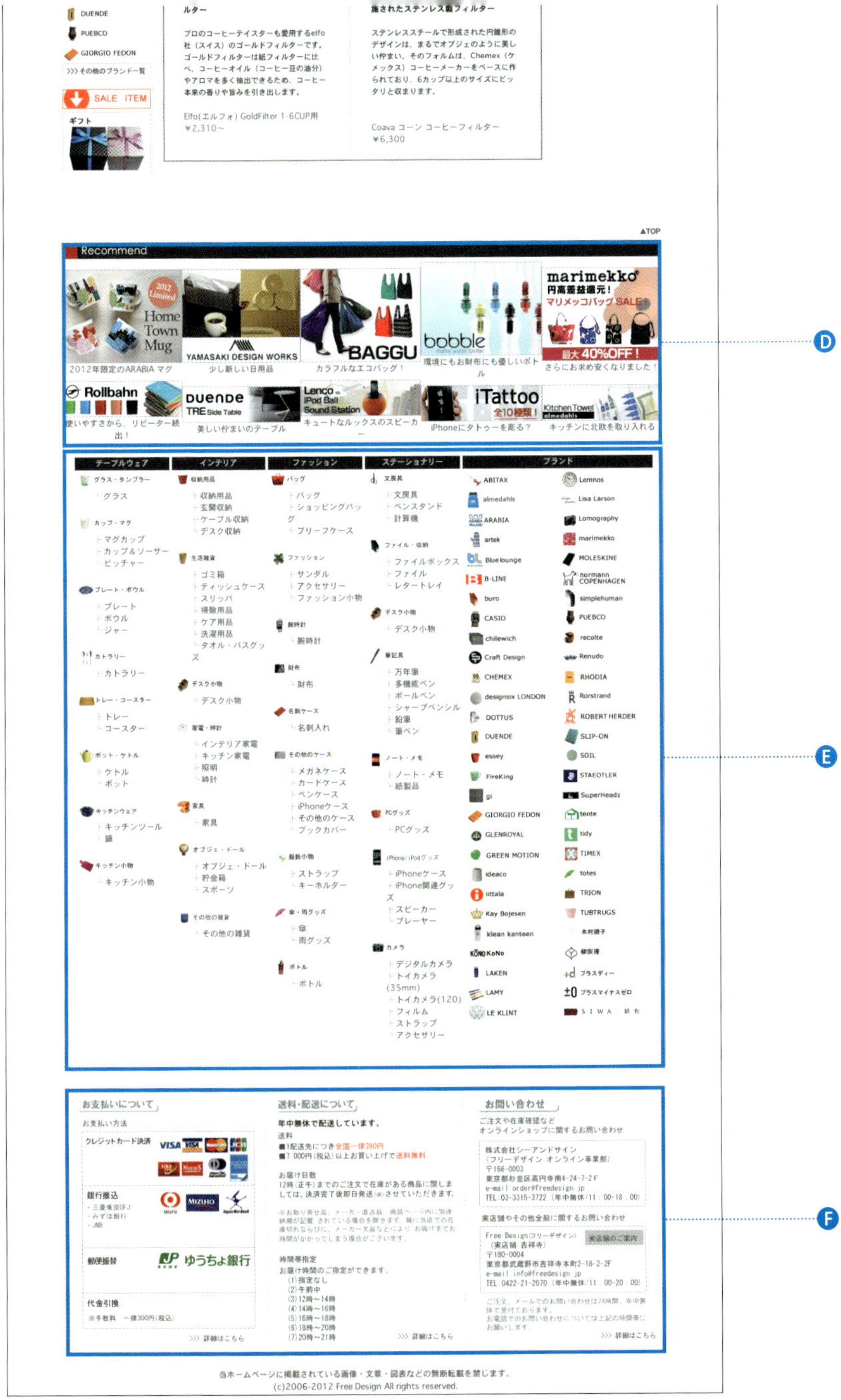

❶イメージ写真は販売用の写真ではなく、おしゃれなイメージのものを使う。❷用途別に商品をピックアップ。コーヒー特集の場合には、コーヒーをいれるために必要なアイテムをピックアップし、それぞれに同じフォーマットで商品を紹介。

- ☑ A、B、C、D、E、Fは全ページ固定。
- ☑ どのページを見てもA、B、C、D、E、Fの項目がついていることが、ネットショップ内の回遊につながりやすい。

STUDY•3

詳細ページ

詳細ページには、お客様が“欲しい!”と思うような写真と情報が必要です。売るための動線づくりと、“もっと見たい!”を刺激する工夫をチェックしてみましょう。

Free Design

❶食器などは必ず、食卓を連想させるようなイメージ写真を使う。ガラスボウルなど清涼感のある商品にはフルーツなどを合わせる。❷商品の一番の特徴である「朝露のしずくのようなデザイン」がはっきりとわかるようにアップの写真も。

詳細ページ（つづき）

ポット・ケトル
キッチンウェア
キッチン小物

Interior インテリア

- 収納用品
- 生活雑貨
- デスク小物
- 家電・時計
- 家具
- オブジェ・ドール
- その他の雑貨

Fashion ファッション

- バッグ
- ファッション
- 腕時計
- 財布
- 名刺ケース
- その他のケース
- 服飾小物
- 傘・雨グッズ
- ボトル

Stationery ステーショナリー

- 文房具
- ファイル・収納
- デスク小物
- 筆記具
- ノート・メモ
- PCグッズ
- iPhone/iPodグッズ
- カメラ
- 手帳・カレンダー
- 書籍

Brand 取扱ブランド

- Lisa Larson
- iittala
- ARABIA
- marimekko
- TUBTRUGS
- DUENDE
- PUEBCO
- GIORGIO FEDON
- >>>その他のブランド一覧

SALE ITEM

ギフト

- ラッピングについて
- 価格帯別に選ぶ
- 男女別に選ぶ

>>>プレス情報

今回登場するのは、限定カラーのサンド。こちらのアイテムは、ヘルシンキ中心部に本店を構える北欧諸国最大の百貨店「STOCKMANN（ストックマン）」と日本でのみの取扱いです。落ち着きのあるシックな色合いでありながら、どこか温かい雰囲気も感じさせます。今までのカステヘルミとは違ったコーディネートが楽しめそうですね。

しっかりとした厚みのあるガラスなので、日常使いにはもちろん、幅広く様々な場面で活躍してくれます！

このカステヘルミボウルは230mlというサイズ。デザート、サラダボウル、色々と出番がありそうです。朝食の時には、ヨーグルトやサラダを盛るのにちょうどいいですし、アイスクリームやゼリーなんかのデザートも涼しげに演出してくれます。涼しげといえば、ビシソワーズなどの冷製スープ、日本人らしくそうめんやおそばのつゆ鉢にしてもいいですね！

【 iittala Kastehelmi 限定色 サンドについて】

少量ですが、再入荷いたしました！
本入荷は、4月末～5月上旬を予定しています。

○4/20(金)-4/26(木)までの1週間は、先行販売分といたしまして、毎日正午12時に当日販売分の在庫を設定いたします。
(プレート、ボウル数十個程度になります。)

○4/28(土) 正午12時 からは、本入荷分の予約販売を行います。
(当店のみの入荷になります。数百個程度確保しております。)

※商品のお届けは、受付順に発送致します。予めご確認宜しくお願いいたします。
※時間指定はお受けできますが、日付指定はお受けできませんのでご了承くださいませ。

【カステヘルミ 専用箱について】
※今回の再入荷分に関しまして、2個ご購入でお入れしている専用箱は、
カステヘルミ専用のものではございません。予めご了承いただきますよう宜しくお願いします。

❸

シックで温かみのある色合いは、今までとは違ったコーディネートが楽しめそうですね。

❹

同じカラーのプレートと組み合わせれば、サンドの世界観がより一層引き立ちます。

❸人気商品として想定される発送の遅れについてはあらかじめ、わかりやすい場所に、見やすい文字色で表記。❹カラーバリエーションがある商品については、組み合わせをかえたときの表情、雰囲気を写真でも紹介。

詳細ページ（つづき）

※❻〜❾は実際にお客様が店頭で商品を見るときの視線を意識した写真を用意。❺商品のメリットとなる特徴的な詳細は写真でもあわせて紹介。❻サイズ感は重要。手にとったときのサイズでだいたいの大きさがわかる。❼商品の特徴を写真で表示。❽イッタラのロゴアイテムのシールを見せると同時に、商品が届いたときに手間になりそうなシールのはがれやすさについても説明。❾イッタラのほかのシリーズと合わせたときにどのように見えるかなどのイメージも。**CHECK POINT!** お客様がその商品の購入を考えているときに、その商品を購入することで得られるシアワセ感をビジュアルにして見せてあげることで、購買意欲が高まります。❿２個セット購入のメリットを表示。ギフトとしてもおすすめできる。

詳細ページ（つづき）

限定カラー　サンド

⓫

iittala(イッタラ)
森と湖の国フィンランドの大自然の中で生まれたイッタラ。1881年の創業以来、美しい輝きと伝統のクラフトマンシップを継承するガラスメーカーとして、毎日の生活を豊かにする実用的でありながら美しいデザインのテーブルウェアを作り続けています。アルヴァアールト、カイフランクといった世界的に有名なデザイナーと熟練のガラス吹き職人が共に製作した作品は「シンプルモダン」として世界中の数々の賞を受賞してきましたが、簡素な美しさは世代を超えて愛され続け、現在も変わることなく私達の生活の中で活躍しています。

>>　このブランドの商品一覧はこちら

⓬

Oiva Toikka（オイバ・トイッカ）
フィンランドを代表する巨匠の一人であり、驚きを呼び起こす大胆なガラス作品が良く知られています。長年にわたり、数百のイッタラ・バードを制作してきました。トイッカの限りない想像力は、ガラスに関する高度な知識と結びつき、トイッカ自身とガラス作品が、世界中のコレクターが追い求める生命の小さな奇跡を生みだし続けることを可能にしています。オイバ・トイッカはその作品でフィンランド・海外とも多くの賞を受賞しています。

>>　このデザイナーの商品一覧はこちら

【 iittala Kastehelmi 限定色 サンドについて】

少量ですが、再入荷いたしました！
本入荷は、4月末～5月上旬を予定しています。

○4/20(金)-4/26(木)までの1週間は、先行販売分といたしまして、
毎日正午12時に当日販売分の在庫を設定いたします。
(プレート、ボウル数十個程度になります。)

○4/28(土) 正午12時 からは、本入荷分の予約販売を行います。
(当店のみの入荷になります。数百個程度確保しております。)

※商品のお届けは、受付順に発送致します。予めご確認宜しくお願いいたします。
※時間指定はお受けできますが、日付指定はお受けできませんのでご了承くださいませ。

【カステヘルミ 専用箱について】
※今回の再入荷分に関しまして、２個ご購入でお入れしている専用箱は、
カステヘルミ専用のものではございません。予めご了承いただきますよう宜しくお願いします。

iittala（イッタラ）
Kastehelmi SAND（カステヘルミ サンド）
Bowl（ボウル）

価格：￥2,100（税込）

カラー	在庫
Kastehelmi SAND ボウル	在庫あり

数量：1 個
ラッピング：希望しない
カートに入れる

□ 商品仕様

ブランド：	iittala（イッタラ）/ フィンランド
サイズ：	約φ11×H5.2cm
デザイナー：	Oiva Toikka （オイバ・トイッカ）
重さ：	約240g
素材：	無鉛ガラス
容量：	230ml
備考：	・2個ご購入で専用箱にお入れします ・食洗機使用可能

ご購入前に知っておいていただきたいこと

以下のような特徴がみられることがございますが、製品仕様としてご了承いただきました上で、
ご購入下さいますようお願いいたします。

・無鉛ガラス製品の素材の特性上、製造工程で生じる以下のような点がございますが、

⓫⓬ブランドやデザイナーのことを知ることで、お客様のさらなる知識の探求になる。お客様の知識欲をネットショップに掲載されている情報で満たすことで、ますますそのブランドやデザイナー、そしてお店のファンづくりが可能に。

詳細ページ（つづき）

⑬購入後に想定されるお客様からの問い合わせに対して、あらかじめ情報としてしっかり提供。デメリットになりそうな部分を事前にしっかり伝えることで、返品、交換などお客様にとっての手間を省くことができる。⑭詳細ページにも関連商品掲載は必須。**CHECK POINT!** 詳細ページに関連商品を掲載したり、左バナーのカテゴリーやブランド一覧、取り扱い商品群を掲載することで、それまで興味がなかった商品についても興味をもってもらいやすくなります。ネットショップと言えども滞留時間が長くなることは、実店舗同様に客単価のアップや再来店のきっかけにもつながります。

詳細ページ（つづき）

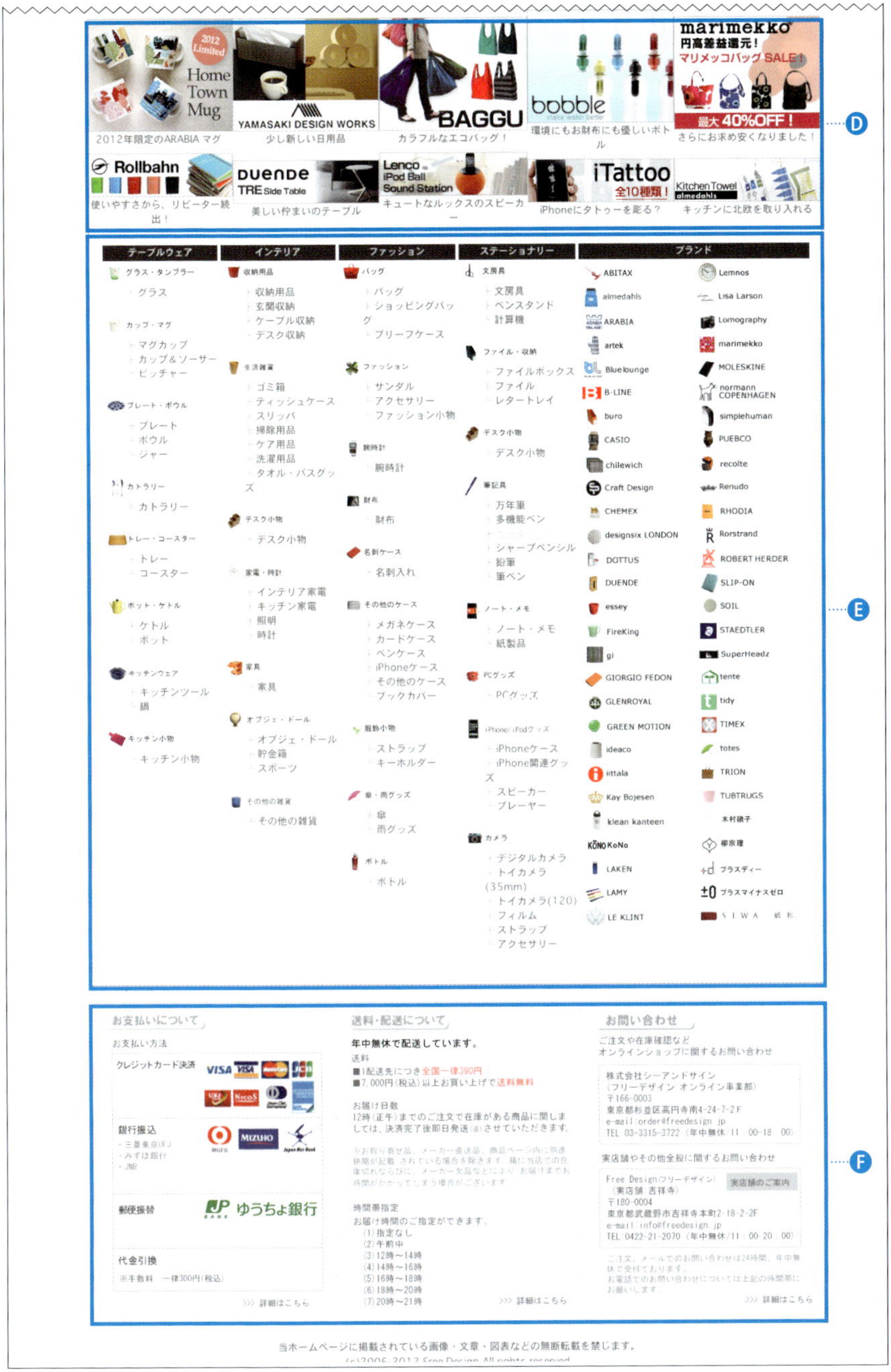

D

E

F

❶同じDハンドルマグとはいえ、ヴィンテージ商品はコンディションが違うため、商品ごとに掲載。当然ながら１点ずつのため、売れたらsold outの表示がしてある。CHECK POINT! 井川氏が『ディーラーシップ』を始めたとき、このネットショップを「ファイヤーキングの図鑑にする」という思いでサイトを構築しているため、sold out商品もすべて掲載。ファンの人にはたまらないオンライン図鑑になっている。

❷詳細ページはどれも10枚以上の写真をアップ。お客様が実際に店頭で商品を見るときのように、正面、裏、ハンドル、底とさまざまな角度から撮った写真を掲載。傷があるものについては、その位置も明記。

ずばり！ 売れるネットショップのトップページはこうつくる！

たとえば、あなたがお気に入りの街を歩いていて、目にとまったお店があったとします。外観がとてもおしゃれで、看板の文字、ロゴもセンスがよくて、窓からのぞいた店内に素敵だなと思う商品が並んでいたら、間違いなくあなたは扉を開けてお店に入りますよね。

実店舗で言うこのお店のファサード部分、それがネットショップで言うところのトップページになります。

ページが開かれたとき、興味をもって見るか、そのままページを閉じるか、あなたにはどんな基準がありますか？　あまり考えずに行動しているかもしれませんが、じつはあなた自身も、見るか？ 閉じるか？ という選択を直感的にしています。

その時間はわずか3秒程度。

その3秒で「見たいサイト」にするためには、トップページに「おもしろそう」「素敵」「わぁ～！」という感動がなければなりません。

井川氏は、売れるネットショップのトップページの条件を、このように語っています。

「パッと開いたときのトップページが直感的である」

直感的という言葉の意味合いは、お客様にとってそのページのすべてがわかりやすく、見やすく、操作しやすく、ワクワク感がいっぱいあるという状態です。つまりは、お客様にとってストレスを感じることなく、お買い物を楽しめる状態を言います。

『フリーデザイン』のサイトを例にあげて少し説明してみます（P82〜参照）。
開いたときに最初に目がいくのは、ホームページの場合は左上です。『フリーデザイン』のトップページでは、左上にロゴマークと取り扱いアイテムが表示されています。さらに、その横にはコンセプトとサブコピーが掲載されています。このように、掲載されている文字の情報で、どのような商品を扱ったどんなお店なのかがわかります。

売上げの上がらないネットショップの中には、店名とイメージ写真しか掲載されていないというトップページがあります。店名とイメージ写真のみの掲載だと、雑貨を売っているのかどうかもわからないことが多くあります。そのため、お客様は直感的に「何のページだかわからない！」と感じ、ページを閉じてしまう可能性があります。

「雑貨の仕事塾」にも、店名だけしか掲載されていないネットショップを運営している生徒さんがいらっしゃいましたが、コンセプトとターゲットを再度練り直して、店名だけでなく、ターゲットの心をひきつけるためのキャッチコピーをつくり、売りたい商品と買っていただきたいお客様を明確にしたうえでヘッダーのデザインを変更したところ、それだけでネットショップへのアクセス数を上げることができました。店名だけでなく、お店のコンセプトをぎゅっと凝縮したキャッチコピー、そして取り扱い商品をしっかり見せるということは、それだけで売上げに差がつくということなのです。

井川氏の言う「わかりやすさ」の表現方法のひとつは、「キレイな写真」です。
「キレイな写真」というのは、決してプロのような専門知識があって、高機能のカメラで撮られている写真のことではありません。**用途に合わせて必要な情報がお客様にしっかり伝えられている写真が、「キレイな写真」**の意味するところです。

ネットショップでは主に2種類の写真が必要になります。ひとつは商品の情報を伝える説明用の写真です。その商品の形状を、まるで店頭で手にとっているかのように確認してもらうためには、最低でも正面、裏、底、形状の特別感のある位置、場所、サイズ感などといった、商品そのものの情報を伝える写真が必要です（P90〜92参照）。

さらにヴィンテージの雑貨、アンティークなどを取り扱う場合には、傷や汚れなどもしっかり見せることがとても大切です。ヴィンテージのマグカップを販売する『ディーラーシップ』では、1つのマグカップを売るために平均10枚以上の写真を掲載しています。正面、裏、ふち、ハンドル、上からマグカップの底をのぞいた写真、ロゴが見える底の写真、そして傷や汚れなどの位置と具合を示す写真です（P96下段参照）。これだけの情報を提供することで、返品されることはめったにないということでした。

必要な写真のもうひとつは、「その商品を買ったらどんなにシアワセな生活ができるか？」を想像できる写真です。器であれば料理が盛られている様子や、どのような器と合わせたら素敵なコーディネートができるのかなど、実際に店頭でスタッフが接客して説明してくれているかのように写真で提案することが、お客様の購買意欲を刺激します。

よくありがちなダメダメ写真例というのは、「とりあえず撮りました！」的な写真です。数枚の写真が掲載されてはいるのですが、「この裏側はどうなっているの？」「サイズ感がわからない！」というように、知りたい情報がないと、それだけでなんとなくストレスを感じることがありますよね。マグカップくらいであれば想像がつきやすいのですが、アクセサリーやバッグなどは、モデルさんが実際に着用していたり、手に持ったり、肩から下げてみた写真が掲載されていても、モデルさんの背丈がどれくらいなのかによって、「想像と違う！」というクレームにつながることもあります。そのため写真を掲載するだけでなく、モデルさんの背丈が何センチなのかということも情報として記載する必要があります。

「雑貨の仕事塾」でも「売上げの上がる写真の撮り方セミナー」を開催していますが、先生いわく、適当に撮った写真は見ている側に必ず伝わってしまうそうです。どういう写真かと言うと、たとえば下に敷いているクロスにしわが寄っていたり、何でもかんでもとりあえずレースを敷いているなど。確かにその例を見れば一目瞭然です。自分では意識していなくてもじつは手を抜いているところが、見ている側には伝わってしまうのですね。

実店舗でも、お店の入り口に段ボールが積まれていたり、店内が薄暗かったり、乱雑に陳列されていたら、このお店のオーナーさんは「ずぼらな人」という印象をもたれてしまうかもしれませんよね。それと一緒です。掲載された写真の印象が、つまりはお店やオーナーさんのセンスの善し悪し、お店のサービスの善し悪しという評価にもつながりかねません。お客様の目線で、必要な写真はすべて掲載するつもりで用意しましょう。

続いて、「わかりやすい」という点についても説明します。

サイトのわかりやすさには、誰でも簡単に操作できることがとても大切です。井川氏の言う「ネットショップでの快適さ」をひとことで説明すると、**「さわりたいところにさわることができで**

きて、欲しい情報にすぐにアクセスできる」ということです。たとえばすべてのバナーがそれぞれのページにリンクされていることも、マウスを文字や写真に合わせたとき、そこが反転してクリックできるということも、お客様にとって快適さのひとつになります。お客様が何かの文字にマウスを合わせたということは、知りたいことがあってのことであり、その先に自分の知りたい情報があると期待しているということです。知りたい情報が網羅されているサイトはわかりやすいですよね。また、ネットショップでお買い物をする際に気になる「送料がいくらかかるのか？」も、わかりやすい場所に表示されていることがとても大事です。『フリーデザイン』も『ディーラーシップ』も、初めてサイトを見た人にもわかりやすい位置に送料の情報が掲載されています

そして、「見やすい」には、サイトの形が乱れていないということだけでなく、ロゴに統一感があり、使われている色、フォントがお店のイメージに合っているということも大切です。そのため、レイアウトや文字バランス、バナー、色合いは、サイトづくりでとても重要な要素になります。『フリーデザイン』のトップページは、ジャバスクリプトなどの動的な工夫がされていて、写真や文字が切りかわったりもします。実店舗でもお店に入って一番最初に目につく場所に、季節感のある商品、クリスマスやバレンタインデーなどのイベントに合わせた商品をディスプレイしますが、ネットショップではこの部分がそれにあたり、これがアイキャッチになって思わず目が引きつけられます。ネットショップの人気店をつくろうと思ったら、基本的に**トップページの中でも一番いい場所に、新商品、販促商品などを掲載し、少なくとも1週間に一度以上、更新されている**状態をつくるべきだと井川氏は言います。

また井川氏の運営するネットショップの場合は、更新した商品が何であるかがわかるように、新着商品マークと更新の日付が記載されています。これはリピーターのお客様にとても便利でわかりやすい表示です。また、さらにその下には、再入荷の商品を並べています。これらの商品は一度完売しているということなので、人気商品と言えますよね。これをめざして再来店してくださるお客様もいます（P83の⑥⑦参照）。

新商品や再入荷商品の定期的なアップが再来店のお客様に喜んでいただけるコーナーだとしたら、『フリーデザイン』のサイトの右側に配置された週間ランキングとベストセラーランキングは、初めてのお客様にわかりやすい情報提供のコーナーでもあります（P83の⑧参照）。

さらに人気ネットショップのトップページは、売れている商品をより多く販売するために、「さまざまな場所で同じ商品を違う提案方法でお客様に紹介している」と井川氏は言います。

ベストセラーランキングにある「tofflor」の低反発スリッパは、『フリーデザイン』の人気商品のひとつです。トップページを見るとわかるのですが、商品として掲載されているのはこのランキングコーナーだけではありません。トップページの左上に写真入りのバナーが掲載されています。まん中のカテゴリー別商品紹介のところにも、インテリアの項目に掲載されています。**さまざまな提案の仕方で、さまざまな場所に商品のページの入り口が配置されていることが、人気商品をより多く販売するためのポイント**です。

繁盛するネットショップにはトップページだけに注目しても、これだけの「売れる」理由がありました。まずは、まねするところから始めてみましょう。

第4章

僕たちが飛躍し続けている5つの理由

不景気と言われる時代に右肩上がりの業績を上げ、事業を拡大できた理由は何なのか？ 井川氏が日々の経営で心がけていることを紹介します。

開業して10年で、9割が閉店してしまう!?

この本を執筆中に、知り合いの雑貨ショップのオーナーさんから閉店のお知らせが届きました。開業して2年目を迎えたばかりのまだ新しいお店です。一生懸命営業しているお店が閉店するというのはとても残念なのですが、一方で私の心の中には「やっぱり……」という思いがありました。

雑貨屋さんを続けられなくなる理由は、開業当初、いえ、それ以前の準備段階にもあります。経験不足に加えて、運転資金がなかったこと、そして勉強不足、販売不振によるモチベーションの低下ということが閉店の理由でした。

最近ではネットショップ、自宅ショップ、イベント・市での販売など、雑貨を販売するスタイルが多様化していることもあり、雑貨屋さんを開業すること自体は決して難しいことではなくなっています。気軽に始められる感があるのも事実です。

ところが、開業2年目のショップが閉店してしまうというのもまた、事実なのです。中小企業庁が発表した2012年3月付の「倒産の状況」を見てみると、2011年には1万2734件が倒産しています。その原因の73%が「販売不振」によるもので、次に「既往のしわよせ（時代の変化に対応できない）」が8%となっています。

雑貨屋さんに限らず、起業して10年後に残っているお店は、約10%といわれています。

自分の好きなモノに囲まれた雑貨屋さん開業は、憧れいっぱいの夢の世界のように思えるかもしれませんが、起業して自分が思い描く自分になれるかどうか、時代の変化に対応できるお店づくりができるかどうかは、真剣勝負です。

閉店してしまうお店がある一方で、井川氏のお店のように、年々売上げを伸ばし、店舗がふえているお店もあります。井川氏が飛躍し続けているその理由は何でしょうか？　5つの項目でその理由をひもといていきます。

飛躍し続ける理由その1

日々の改善・改革

井川氏とまだ出会ったばかりの頃、私はこの20代のオーナーが、会うたびごとに売上げを伸ばし、新しい店舗をつくり、それをスピーディに実現していることが不思議でなりませんでした。苦労話や相談をもちかけられることもなく、会えば「毎日楽しい！」と、少年のような満面の笑顔でいつも話をしてくれるのです。そして1年後とその後のステージを見定める計画を私に語ってくれます。彼が語る未来予想図はいつも実現していくのです。

雑貨屋さんの成功例としては、本当にわかりやすい実例だったため、セミナーにゲスト講師として来ていただくようになりましたが、井川氏の成功ルールというのは決して難しいことではありません。特別なことをやっているのか？と言えば、ＮＯです。誰でもできることにもかかわらず、誰もやっていないことでもありました。

それが、商売の基本である「お客様を喜ばせ続けている」ということです。その具体的な内容はこの本の中でずっと話をしてきましたが、さらに話を進めると、お客様を喜ばせ続けるために、**お客様の変化や要望、時代のニーズに対して柔軟に対応し、変化している**ということでもありました。「〝人は変わるもの〟という大原則、大前提のもとに行動している！」というのが、井川氏の言葉です。

去年「すごくよかった」モノが、今年も「すごくよくて人気の商品」というわけではありません。去年までは「すごくいいサービスだった」コトが、今年は業界で「当たり前のサービス」になっていることもあります。今、「いい」といわれているモノやコトでもそれは永遠ではありません。**変化に対応するためには、つまりは「今がベスト」と考えるのではなく、「ベター」と考えながら行動していく**ことが大切なのです。

それは、お店にとってとても大切なコンセプトにおいてもそうです。

『ディーラーシップ』のオープン当初のコンセプトは、「ファイヤーキング&アドバタイジング（広告）系のデザイン雑貨専門店」でした。ところが営業していくうちに、お客様は『ディーラーシップ』に圧倒的な数のファイヤーキングが並んでいることを望んでいて、さらにたくさんのファイヤーキングがその先に並び続けることを望んでいることがわかりました。

そこで、開業から3年ほどたったときに、コンセプトそのものを「ファイヤーキング&アドバタイジング専門店」から、「ファイヤーキング&アメリカンヴィンテージ・グラスウエア専門店」に変更し、ファイヤーキングの品揃えの増強はもちろんのこと、アメリカンヴィンテージ・グラスウエアで有名な、フェデラルやパイレックスなどの品揃えも強化しました。

また、『フリーデザイン』がオープンしたときのコンセプトは「大人のための輸入雑貨店」でしたが、開業から3年後には「大人のためのデザイン雑貨店」に変更をしています。最初の頃は、イタリア、スペインなどヨーロッパからの輸入雑貨の割合が大きかったそうですが、お客様の要望で北欧雑貨をふやし、最近は日本のデザイン雑貨も取り揃えています。

コンセプトに反するモノは扱わないけれど、お客様の要望や時代のトレンドに合わせて「コンセプトそのものを修正することはあり！」なのです。

コンセプトは大事ですが、その**コンセプトが時代の変化とともに旬でなくなり、共感されていないことに気がついたのであれば、軌道修正はすぐにするべき**ことなのです。


この「気がついたときにすぐに修正する」ということにもポイントがあります。

この本の取材中にも、運営するネットショップや店内を見ながら、井川氏は気がついたことをすぐにメモし、話が一段落すると、すぐに担当するスタッフや社員に連絡をとり、修正ポイントの指示を出していました。それを受けたスタッフもすぐに修正にとりかかります。この修正のスピードの早さが、成功の秘訣であることを強く実感しました。

聞けば、井川氏の会社「シーアンドサイン」では週に一度、各部署で社員が集まり、「今のサービスをもっとよくするためには？」というテーマで徹底的に話し合いがされるということです。ウェブサイトの構成やラッピングなど、どんなささいなことでも、そして大変なことであっても、あと回しにせずその場で問題としてとり上げ、それをすぐに修正することの繰り返しです。

「改善・改革は、現状を否定しなくてはできない」と井川氏は言います。

「売れている」「うまくいっている」ことに満足していては、今よりもっとよくするための改善はできないし、変化に対応できないのです。**「もっといいものをつくり上げていく、もっとよくしたい！」という思いこそが成功のルール**なのです。

売上げ目標はできるだけ高く！

「梅雨が長引いたから」「不景気だから」。売れない理由を探すことはとても簡単です。また、「他店も一緒だから」という理由で、売れていない状況について「仕方がないこと」と割り切ることも簡単なことです。

最近よく耳にするこれらの言葉に対して、井川氏は「目標達成の意志を放棄している！」と言います。

「目の前に競合店ができたから」などと言い訳をして、売上げの上がらない理由を並べているだけでは、現状を好転させることはできません。現状から脱出するためには、そして目標を達成するためには、「今、何をするべきなのか？」を考えて行動を起こすのみです。

井川氏の場合には、2年目からの数年は売上げ目標を前年対比200％という高い目標に、あえて設定しています。

初年度の5月の販売実績が200万円だとしたら、翌年の5月の目標は400万円という具合です。初年度の状況を見れば、翌年には何をするべきなのかがわかります。もちろん2年目に200％を達成したあとは、売上高が大きくなるにつれて、さらなる200％の達成は難しくなるかもしれません。けれども、最初のうちは計画さえしっかりと立てて行動すれば、達成は不可能ではありません。

その後の目標を達成するためにも、**最初から目標を低く設定するのではなく、常に高い目標を立て、達成をめざして行動計画を立てる**のが井川流です。

その目標が120%と200%の場合とでは、必要な努力や改善・改革、さらに新しい仕掛けなど、やるべき仕事の内容が変わってきます。

たとえば売上げ目標が前年対比120%の場合には、既存店のQSCのレベルアップと、日々の業務の改善・改革を徹底すれば達成できるでしょう。しかし200%をめざす場合には、日々の改善・改革をしながら、新規店舗（たとえばネットショップやモールへの出店）を検討するなど、より多くのお客様を呼び込める仕掛けが必要です。井川氏の場合には、これを実践し続けてきました。

また目標を達成するためには、月の売上げ計画だけでなく、短期（1~2年）、中期（3~5年）、長期（5~10年）のすべての計画を立てておくことも必要です。

たとえば、1~2年の間にどれだけ利益を出したいか、3~5年でいくつ店舗をふやしたいかなど、ざっくりしたものでも大丈夫です。ただし長期計画の場合には、1~5年の実績を踏まえたうえで変更していくのがいいでしょう。井川氏の場合にもオープン当初の長期計画の目標は3店舗の運営でしたが、現段階で達成しているので、現在の長期計画の目標はさらに大きくなっています。井川氏はこれを考えながら、いつもワクワクしているそうです。

大切なのは夢見るだけでなく、計画を書き、常に目にしておくことと、1つめの計画を達成したら、そのつど、その後の目標を拡大修正していくことです。

飛躍し続ける理由その3

利益をお客様に還元する！

「売上げがいつもより多かったら、それを全部、自分のお給料に」。小さなお店にはこのようなケースが多いのです。売上げが不安定な状態だと「売り上げたときに自分の利益を確保したい」と考えがちかもしれませんが、商売とは継続です。利益はさらなる発展のために使います。井川氏の会社「シーアンドサイン」の場合には、利益を主に以下のことに使っています。

●商品在庫規模の拡大
●事務所・倉庫の増床
●サービス内容の充実
●新店舗の出店

これらはすべて「お客様に利益を還元することにつながる」と井川氏は言います。

たとえば、商品在庫規模を拡大することとは、あくまでも売れ筋商品の在庫規模の拡大です。「人気商品が欠品していて購入できない」というお店がよくありますが、常に欲しい商品が購入できる状態は、買う側にとってはとてもうれしいメリットになります。また、売れ筋商品の欠品を減らすだけでなく、店内に常にお客様が欲しいと思う新商品が充実していることも大切です。

在庫スペースを確保するためには倉庫も必要です。

井川氏の会社の場合は、事務所兼ストックルームとして、最初は店舗以外に1Kの格安アパートからスタートし、その後、30㎡のマンションへ。『フリーデザイン』の楽天市場店での売上げが軌道に乗り始めた頃に70㎡の事務所物件に移転し、もう1カ所、50㎡の事務所を借りています。売上げアップに伴い、商品をストックする倉庫や、運営を円滑に行うための事務所を増床することも、結果としてお客様に喜んでもらえるサービスの提供につながります。

サービス内容の充実については、スタッフを新規採用することで、店舗であれば、お客様がよりスムーズにお買い物ができるようになり、ネットショップであれば、1週間にアップできる商品点数をふやしたり、よりクオリティの高い商品ページをつくったりすることなども可能になります。新店舗の出店においては、より多くの新規のお客様に喜んでいただけることにつながります。井川氏にとってお店の出店は、常にたくさんのお客様に喜んでもらいたいという思いがあってこそのことなのです。

「お客様に還元できる商品とサービスの提供のためにも、適正な利益は必要」と語る井川氏。そのためにお店は何をするべきか？　日々、**QSCを向上する努力をして、売上げを上げ、経費を必要最小限に抑えることによって支出を減らす努力をする**ことです。さらに井川氏が常日頃意識していることは、価格競争に巻き込まれないように、いいものを適正価格で販売し、すべての商品に付加価値をつけて、商品単価を上げることです。

「適正な利益を出し、その利益をお客様のために使う。その繰り返しが、さらなる売上げアップや利益アップにつながる」。これが井川氏の真意なのです。

飛躍し続ける理由その4

費用対効果を考える

大好きなお店がある日突然、閉店したら、あなたはどう思いますか？　がっかりしますよね。お店の支出が多すぎて、経営が維持できなくなってしまうということは、結局はお客様に迷惑をかけることにもなります。

無駄なコストを徹底してカットすることで利益を出す、というのは経営の基本。ただし、「何が本当の意味での無駄か？」については、費用対効果を考えなくてはなりません。「利益を生み出すためのコストについては、惜しまずに使う」というのが井川氏の考え方です。

たとえば、人件費を削ってコストカットをするお店もありますが、井川氏の場合には「売上げを上げるために人を雇う」という考え方をしています。スタッフを雇うことによってオーナーは、「オーナーにしかできないコト」「お店の利益にプラスになるコト」に専念することができます。オーナー以外でもできるコトをスタッフにしてもらうことで、1人で全部をこなしているときよりも戦略を考える時間がふえ、売上げが上がる仕事ができるようにもなります。

粗利益率40％の商売で人件費を10万円かけて、25万円の売上げアップができたら、費用対効果はとんとんということになります。つまりはそれ以上の売上げが見込めれば、スタッフを1人ふやすことによって逆に利益が上がるのです。『雑貨屋さんになりたい』で紹介をした『ハイジ』さん、『エスカリエ・セー』さんも、最初からアルバイトのスタッフを雇っています。

また「雑貨の仕事塾」の生徒さんで、埼玉県でバリ&アジアン雑貨のお店『カユカヤン』（P35で紹介）を営業している神結《しんけつ》弘子さんも、オープンして半年後に私用で数日間、お店の閉店時間を早めた際、売上げが激減してしまったことがあり、その時間にアルバイトスタッフを雇う決意をしました。毎日と言わずとも1日数時間を週に数回、1カ月で計算しても、これくらいという予測を立てられれば、売上げのロスよりも人件費のほうが安いことがあります。

例として人件費をあげましたが、大きなところでは出店費用、そして小さなところでは備品購入。すべて**費用対効果を考えたうえで、本当の意味での無駄をなくす**ことが経営には必要なのです。

飛躍し続ける理由その5

強いチームづくり

学生時代から起業を考えていた井川氏は、その後に就職した会社で、現在一緒に会社を経営している伊藤氏と出会います。伊藤氏も起業を考えていたこともあり、話をしているうちに、共同経営者として一緒に起業することを決めました。

共同経営者になるためには、双方に、1人ではできないことをカバーし合えるスキルが必要です。井川氏と伊藤氏の場合には、まさに双方がメリットに感じられるスキルがあり、『ディーラーシップ』を始めることになりました。

ひとつのお店を運営するには以下の項目が必須業務です。

1　経営計画の立案……事業内容、売上げ・利益計画、年間の販売促進など
2　仕入れ業務……国内・海外業者から商品を調達、展示会などの参加
3　販売業務……店舗の運営業務、通信販売
4　広告・宣伝・広報……インターネットやチラシ、雑誌掲載などでお店を宣伝する
5　経理……毎日の売上げ管理や経費の記帳、月間営業報告書の作成と分析、決算報告
6　制作・デザイン……フライヤー、POP、お店のロゴなどのデザイン
7　ネットショップ・HPの制作と運営……ページ構築、写真撮影、コメント作成など
8　情報発信……ブログやツイッター、メールマガジン、ネットショップの商品ページなど

ざっと書いただけでも、これだけのことがあげられます。雑貨屋さんの経営は1人でも可能ではありますが、これだけのことを1人でこなすとなると、何かしら苦手なところが出てくるのは当然のことです。

理由その4の費用対効果のところでも話をしましたが、売上げを上げようと思ったら、全部を1人でやろうとはせず、チームをつくり、社員やアルバイトスタッフを雇ったり、アウトソーシングをして仕事を分担する必要が出てきます。

「雑貨の仕事塾」の生徒さんの中にも、1人で月商100万円のネットショップを運営している女性がいますが、経理については外部に依頼しています。世の中には、人を1人雇うまでもない事務や、苦手なことを喜んでやってくれるという経理・事務代行の会社があります。

お金がないから雇わない、と言う小さな雑貨屋さんのオーナーもいますが、売上げが上がらない理由は、人手が足りず、「大切なコト、今やるべきコトがあと回しになっているから」かもしれません。

スタッフがふえていけばいくほど、教育や業務のマニュアル化や仕組み化（誰がやっても同じ作業ができて、同じサービスを提供できること）が必要になります。強いチームづくりには、誰がやっても高いレベルのQSCを維持することが必要です。

Column №5

二人ビジネス 成功のための考え方

前述しましたが、井川氏と伊藤氏が出会ったのは、大学卒業後に就職したある会社でした。研修中にペアを組むことになったことがきっかけで話をするようになり、そうしているうちにお互いの起業について語り合うようになりました。

「こういう店をやりたい」「こういう商品を扱いたい」。その思いは、1人で起業するよりも、お互いの得意なことや能力を生かしたほうが、うんと充実した起業ができると思えたそうです。

起業資金を貯めること、そしてどのようなお店を始めるかについても話し合いをして、最終的に共同経営者として、1号店の『ディーラーシップ』をオープンすることになりました。

「いいことばかり!」と言う共同経営について、「ひとことで言うと〝ローリスク、ハイリターン〟」と語る井川氏。出店費用は折半するので半額ですみ、分業制にすることでお互いの得意分野を生かして効率よく仕事ができます。またピンチに陥ったときにも常に相談相手がいるため、精神的な負担も半分になります。

では、二人ビジネスであれば、相手は誰でもいいのでしょうか?

共同経営で失敗をするお店の多くは、「好きなコト、得意なコトが同じ者同士で始める」ケースです。

「私はこれが好き!」

43 222
$ 3.88

「私も！」

「じゃあ、一緒にお店をやろう！」

というケースはじつに多く、また、じつに典型的な失敗の例にあげられます。お互いが同じ仕事しかしたがらなかったら、お店は運営できません。それぞれが平等に役割を分担し、責任をもつことが重要です。

井川氏と伊藤氏の場合は、共同経営者として、同じレベルの利益を会社にもたらさなくてはならないという意識が強く、そのため、お互いに切磋琢磨して、それぞれのスキルを高めているそうです。

また友達同士で二人ビジネスを始めると、友達感覚のまま仕事をしてしまい、規律が乱れたり話し合いを怠ったりして、どちらかに不満がたまるということも多くあります。

井川氏と伊藤氏の二人ビジネスが成功しているのは、話し合いの時間を定期的にとり、「すべてを理解し合えなくて当たり前」という前提のもとに話し合いをしているからです。井川氏と伊藤氏は、私から見ても全く性格が違います。そしておもしろいことに、それぞれがお互いのことを「相手は宇宙人！」くらいの感覚で話をしています。最初から、考え方の違いは当たり前というスタンスで会話をしているため、お互いをとても尊重し合い、お互いの話に納得したことを実行しているそうです。

大切なのは、**めざすゴールが一緒であること。**ゴールが明確に見えていたら、考え方に多少の誤差があっても、話し合いをして解決できると井川氏は言います。

第5章

これを知らなければ お店はつぶれる! 大事な計数管理の話

「日々の行動計画は、数字の分析から」というのが、井川氏の信条。数字を把握するだけでなく、分析し、行動に結びつけるためのポイントを解説します。

お店の数字を見なければ、経営はできない

今年、雑貨屋さん開業をめざしているかた向けに、「雑貨の仕事塾」で無料の動画とメールの無料セミナーをつくりました。これはインターネット上で視聴することもできますし、メールマガジンにご登録いただければ11日間無料で（２０１２年4月現在）、雑貨屋さん開業のメールセミナーを毎日受信し、勉強することが可能です。この動画セミナーでは、雑貨屋さんの運営を続けていくためにどうするべきか、簡潔に話をしています。

雑貨屋さんを開業する！という夢をもつ多くのかたは、自分の夢のゴールを「雑貨屋さん開業」としている場合が多いのですが、雑貨屋さんに限らず、商売というのは〝継続〟です。

継続していくためには、「きょうはいくら売れた」とか「お客様が少なかった」と日々のことに一喜一憂しているだけでなく、その結果に基づいて「何をするのか？」という、経営をしていくための行動計画を立てることがとても大事です。その行動計画をより具体的にするために大切なのが、お店の〝数字〟を分析するということです。

多くの小さなお店が「不得意だから」と手をつけていないことのひとつに、この、お店の〝数字〟の分析があります。「これができていないがために閉店せざるを得なくなった」というケースはじつに多く、雑貨屋さんの経営者になるためには避けて通れない必修課題のひとつです。

とはいえ、お店を開業して、実際の数字を見るまでは、何をどう分析すればいいのかを想像することは難しいですよね。そこで、お店の数字の分析のために必要な、最も基本的な計数用

語から覚えていくことにしましょう。

常日頃、あなたは〝売上〟という言葉を当たり前に耳にしていると思いますが、この〝売上〟というのはどのようにできているのでしょうか？　それをあらわすのがこの計算式です。

売上＝客数×客単価

この式でおわかりのとおり、売上げというのは、お客様の数（これは実際にお買い物をしてくださったお客様の数）と、そのお客様の1回のお買い上げ金額の平均から成り立っています。つまりは売上げを上げるためには、お客様の数をふやすか、1回のお買い上げ金額をふやすことが必要であるとわかります。では、お客様の数はどうやってふやしたらいいでしょうか？　1回のお買い上げ金額をふやすためには、お店は何をしたらいいでしょうか？

お客様の数と単価を知ることによって、何をすればいいのか？という行動計画が立てられるというのはこのことで、これが「数字を分析して行動する」という意味合いになります。

数字が苦手というオーナーさんの多くは、勘や経験で行動をしてしまいがちです。売上げを上げるためには商品が必要ですし、商品の在庫も必要です。ところが、「数字を見ずに、やみくもに新商品を仕入れたり、商品在庫をふやしたりすることはとても危険だ、ということに気がついていないオーナーさんが多い」と井川氏は指摘します。目標数字を立て、結果から数字を分析すると、「今月の仕入れはいくらになるのか？」「売上げが足りていないところや過剰な在庫をどうするのか？」という、次の行動計画を立てることができるようになります。

入金や支払いを管理して決算書をつくるための「経理」業務だけでなく、売上げや利益を上げる「経営」のための数字の分析（計数管理）ができるオーナーをめざしましょう。

売上日報の例

月日	曜日	客数	客単価	インテリア雑貨		ステーショナリー		テーブルウエア		値引	総売上
				販売点数	売上金額	販売点数	売上金額	販売点数	売上金額		
3月 1日	土	87	2,734	50	76,900	83	109,100	21	52,200	-300	237,900
3月 2日	日	95	3,262	55	148,800	61	68,300	36	94,220	-1,450	309,870
3月 3日	月	22	4,243	10	62,800	4	12,340	3	18,200		93,340
3月 4日	火										
3月 5日	水										
3月 6日	木										
3月 7日	金										
3月 8日	土										
3月 9日	日										
3月25日	火										
3月26日	水										
3月27日	木										
3月28日	金										
3月29日	土										
3月30日	日										
3月31日	月										
月 総合計		204	3,143	115	288,500	148	189,740	60	164,620	-1,750	641,110

※この売上日報は「実店舗のみ」を想定。ネットショップを運営する場合は、ネットショップの売上についても「客数」「客単価」「販売点数」「売上金額」の項目をつくる。実店舗の売上とネットショップの売上を合わせて「総売上」として管理する。

まずは1日ごとの売上げを数字で見る！

月ごとの売上げ目標を決めている雑貨屋さんはあっても、実際には、月の途中で「きょうまでの売上げ金額はいくらですか？」という質問に答えられないオーナーさんは多いようです。「えっと……」と口ごもってしまうため、「では、きょうの売上げ目標はいくらですか？」という質問にも即答できない。なんとなく「うちのお店はこれくらい売れればいいだろう」と家賃や経費分のことだけを考えて、目標を設定せずに、ただ「頑張る！」「売上げを上げる！」と言ったところで、実際に何をしたら売上げが上がるのか、そして、それが本当に売上げを上げるために正しいことなのかを判断することはできませんよね。

まずは月ごとに売上げ目標を設定し、さらにその金額を日別に落とし込むことで、「その日、何をいくつ販売できれば、目標を達成できるのか？」という指標ができます。

実際に、あるお店では、ある商品を月に100個販売しようと販売目標数を日別に設定して、バックヤードにチェック表をつくり、スタッフが意識をして販売促進を行ったため、1カ月を待たずして目標を達成し、さらに20個追加で販売したという例がありました。目標を数値化して、それを目につくところに書き出しておくことで、より意識が高まるという好例です。

自分にお給料を出してもお店の利益が残るためには、1日にいくら売ればいいのかを知るためにも、売上日報をつくることをおすすめします。売上日報のフォーマットはお店によって違います。自分が数字を分析するうえで、より使いやすいフォーマットをつくってみましょう。

計数管理をするうえで知っておきたい用語

売上 ……………… お店が商品を販売して得た代金の総額

仕入原価 ……… 商品を仕入れた価格

期首棚卸高 …… 月の始めにある店頭と在庫分の原価の総額で、前月の期末棚卸高のこと
（店内に陳列されている商品とバックヤードを含む在庫の原価合計のこと）

期末棚卸高 …… その月の最後にある店頭と在庫分の原価の総額

売上原価 ……… （期首棚卸高＋仕入原価）－期末棚卸高

粗利益 ………… 売上 － 売上原価

粗利益率 ……… 売上に対して粗利益が占める割合を示す指標
粗利益（売上 － 売上原価）÷ 売上 × 100 ＝ 粗利益率（％）

【計算例】

粗利益　売上　売上原価　売上
40,000円（100,000円 － 60,000円）÷ 100,000円 × 100 ＝ 40（％）

営業利益 ……… 粗利益 － 販売管理費（経費＋人件費）

キャッシュフロー ……… 営業利益 ＋ 在庫の現金化（もしくは －現金の在庫化）
＋売掛金の回収－買掛金の支払い
（営業利益に、棚卸在庫が現金になったらその分の原価をプラス、逆に現金が棚卸在庫になったらその分の原価をマイナスします）

※売掛金とはクレジットカードや代引発送などでの売上。買掛金とは掛仕入やクレジットカードなどでの備品購入。

同じ売上げ・利益でも、「残るお金」に差が出る理由

次に、実店舗とネットショップを運営する雑貨屋さんAを例にして、売上げと仕入れ、在庫の関係を、数字を使って見てみましょう。このお店はオーナーさんとアルバイトさん1名の計2名で運営をしています。粗利益率については、雑貨業界の平均的な粗利益率40%を例に説明しています。次ページのケース①と②を見比べてみてください。

まず、両方とも、実店舗での売上げは140万円で、ネットショップでの売上げが60万円。合計200万円を1カ月に売り上げました。

次に期首棚卸高を見てみましょう。期首棚卸高というのはその月の始めに店内にある（在庫分を含む）商品の原価の合計金額のことで、前月の期末棚卸高とイコールです。

①と②で違うのは仕入高です。①のケースで言うと200万円の売上げ目標を達成するために必要な120万円の仕入れをしています。ところが②のほうは、①よりも80万円多い200万円の仕入れをしています。極端な話になりますが、つまり80万円分を多く仕入れてしまったがために、その月の期末棚卸高が80万円多い580万円になっています。

売上げ金額は同じ、経費も同じ、そして粗利益高の80万円から販売管理費65万円を引いた営業利益も15万円で同じです。営業利益だけを見たら15万円の利益が出ている！と思ってしまうかもしれませんが、実際には②は仕入れが予算をオーバーしたことで、営業利益が出ているものの、キャッシュフローで考えると65万円のマイナスになってしまったことがわかります。

ケース①

売上	実店舗の売上	1,400,000 円
	ネットショップの売上	600,000 円
	税抜売上合計	2,000,000 円
棚卸	期首棚卸高	5,000,000 円
	期末棚卸高	5,000,000 円
	仕入	1,200,000 円 （売上目標を 200 万円と設定してその 60%）
	売上原価	1,200,000 円
粗利益	❶粗利益	**800,000 円** （売上 200 万円－原価 120 万円）
	粗利益率	**40%** （粗利益 80 万円÷売上 200 万円× 100）

経費	家賃	100,000 円
	水道光熱費	30,000 円
	運賃	90,000 円
	クレジット手数料	20,000 円
	その他諸経費	60,000 円
	合計	300,000 円
人件費	アルバイト（1 名）	150,000 円
	給料（オーナー）	200,000 円
	合計	350,000 円
販売管理費合計	❷経費＋人件費	**650,000 円**

営業利益

① 粗利益 ② 販売管理費 ③ 営業利益

800,000 円－ 650,000 円 ＝150,000 円

キャッシュフロー

③ 営業利益 在庫の現金化（期首棚卸高 － 期末棚卸高）

150,000 円＋（5,000,000 円－ 5,000,000 円）＝ 150,000 円

キャッシュフローが 15 万円出ている！

※クレジット支払いなどの売掛金や、掛仕入などの買掛金が発生する場合は、
キャッシュフローの計算に追加する必要があります。

第5章

ケース②

売上	実店舗の売上	1,400,000円
	ネットショップの売上	600,000円
	税抜売上合計	2,000,000円
棚卸	期首棚卸高	5,000,000円
	期末棚卸高	**5,800,000円** (ケース①に比べて80万円ふえた!)
	仕入	**2,000,000円** (ケース①に比べて80万円多かった!)
	売上原価	1,200,000円
粗利益	❶粗利益	**800,000円** (売上200万円−原価120万円)
	粗利益率	**40%** (粗利益80万円÷売上200万円×100)

経費	家賃	100,000円
	水道光熱費	30,000円
	運賃	90,000円
	クレジット手数料	20,000円
	その他諸経費	60,000円
	合計	300,000円
人件費	アルバイト(1名)	150,000円
	給料(オーナー)	200,000円
	合計	350,000円
販売管理費合計	❷経費+人件費	**650,000円**

営業利益

① 粗利益 ② 販売管理費 ③ 営業利益

800,000円−650,000円=150,000円

キャッシュフロー

③ 営業利益 在庫の現金化(期首棚卸高−期末棚卸高)

150,000円+(5,000,000円−5,800,000円)=−650,000円

仕入れのコントロールができていないため、同じ売上で同じ営業利益が出ているのに、キャッシュフローは65万円のマイナスに!

損益計算書の例

		ケース①	ケース②
売上	実店舗	1,400,000	1,400,000
	ネット	600,000	600,000
	税抜売上合計	2,000,000	2,000,000
棚卸	期首棚卸高	5,000,000	5,000,000
	期末棚卸高	5,000,000	**5,800,000**
	仕入	1,200,000	**2,000,000**
	売上原価	1,200,000	1,200,000
粗利益	計	800,000	800,000
粗利益率		40%	40%
経費	家賃	100,000	100,000
	水道光熱費	30,000	30,000
	運賃	90,000	90,000
	クレジット手数料	20,000	20,000
	その他諸経費	60,000	60,000
	計	300,000	300,000
人件費	アルバイト（1名）	150,000	150,000
	給料（オーナー）	200,000	200,000
	計	350,000	350,000
販売管理費 合計	計	650,000	650,000
営業利益	計	150,000	150,000 ↑帳簿上は営業利益は同じ
キャッシュフロー	計	150,000	**−650,000** ↑キャッシュフローで見るとケース②は赤字に！

仕入れは、売上げに合わせて調整するのが原則

先の例で見るとおり、営業利益が15万円出ていたとしてもキャッシュフローが65万円のマイナスでは、帳簿上では黒字であるように見えても、個人事業者にとっては実質的な赤字と言ってもいいでしょう。通帳残高が65万円も減ってしまうという意味です。

在庫は資産として考えられていますが、実際に現金としては換算されていません。そのため棚卸高（在庫の原価額）がふえても減っても、帳簿上の利益には関係しないため、営業利益だけを見て15万円儲かった！ イコール15万円残る！ とよく勘違いされます。帳簿上の利益が黒字なのに、現金が不足し、支払い不能になって起こる「黒字倒産」と言われるものは、このような現象から発生しています。特に仕入れに大切なのは、毎日の売上げを分析し、随時、軌道修正をしながらコントロールすることです。

先の例で言うと、売上げ目標が２００万円であれば、売上げ目標分の原価で１２０万円の仕入れが必要ですが、それ以上の売上げが見込まれれば、それに合わせて随時、仕入高を上げて、目標を下回る場合には仕入れもそれに合わせて下げる必要があります。

たとえば最終の売上高がどうしても２００万円に到達できず、１８０万円になりそうだったら、気がついた時点でその月の仕入れ予算を１０８万円に修正すること。逆に、新商品の売れ行きがよく、売上げ目標が予算よりも１００万円多い３００万円に設定できそうだと判断した場合には、それに応じて仕入れも１８０万円までふやすことを考えましょう。

仕入高と棚卸高をコントロールするためにも、売上げ日報で毎日の売上げ目標と販売実績、週ごとの売上げ目標と販売実績をチェックしていきます。販売実績の平均がわかれば、仮にそのままの状態で月末までいくと、いくらになるのかが想定できます。すると、その月に本当に必要な仕入れ金額がわかるようになります。

ここで、失敗例としてよくある例をひとつあげておきましょう。出費が続いたからといって仕入れをストップしてしまうケースです。店内には在庫がたくさんあるからと、しばらくは今ある商品だけで乗り切ろうと思ったところで、売れ筋商品の在庫がなければ、お客様にとっては「新商品もなく、人気商品もない、つまらないお店」に見えてしまいます。結果としてお客様の足が遠のいて、売上げが減少してしまうということもあります。

雑貨屋さんを経営する以上、仕入れがストップすると、お店の経営がストップしてしまうことにもなりかねません。お金に余裕があったら仕入れをするというスタンスでは、お店の売上げはいつまでも上がっていきません。「経営に困ったときにつける薬はお金しかない」というのは、雑貨業界の大先輩の言葉です。雑貨は夢を売る仕事のように思われていますが、オーナーさんには、夢ではなく目に見える現実があります。商品の仕入れが少なすぎても売上げの機会を損失してしまうし、仕入れが多すぎてもキャッシュ（現金）が減ってしまいます。

では次に、人気商品の売上げが好調で、なおかつ、人気メーカーの新商品が月末に入ってくるので、仕入れ予算がオーバーしてしまうという場合にはどうしたらいいでしょうか。雑貨業界では日々、新商品がどんどん世に出されています。人気メーカーの新作で、これは売れる！

と予測される商品は、井川氏いわく、どのお店よりも早いタイミングで販売するべき！なのだそうです。『フリーデザイン』でもネットショップのトップに人気商品の販売時期について告知がされています。できれば発売日に合わせて仕入れをし、早めにお客様に届けることが、お客様により喜んで満足していただけることにもつながります。このように月末に新発売されるものがあることが事前にわかっていれば、その月のほかの商品の仕入れを抑え、月末にその商品の仕入れに予算を使うなどのコントロールが必要です。また、その月の仕入れ予算が30万円オーバーしたとしたら、次の月の仕入れ予算を削るなどのコントロールも必要です。

雑貨業界が一番盛り上がるクリスマス商品の入荷時についても、同じように一気に仕入れ金額がふえることがあります。近年、クリスマス商品の発注会は5月、6月頃ですが、入荷は9月から11月にかけて分散されています。すると9月、10月、11月の仕入れ金額がどうしても多くなりがちです。その商品をクリスマス繁忙期の11月から12月にかけて販売し、セールがスタートする12月末から1月にかけては仕入れ予算を低く設定するなどの調整も必要です。クリスマス時期に販売の機会を逃す手はありませんので、その前後の売上げ予測も考慮したうえで、仕入れ金額を月ごとにコントロールしておくことが必須となります。

開業前、もしくは開業してまだ1年目のオーナーさんには想像がつかないことかもしれませんが、商売を勘に頼るのではなく、数字で分析する！ということは覚えておいてください。また、井川氏のお店のように売上げを上げていきたい場合には、井川氏のお店が今までやってきたように、営業利益の中から商品在庫をふやすための予算を決め、売上げの上昇に応じて徐々に棚卸在庫をふやすとよいでしょう。

数字の分析から問題を解決する！

棚卸高のコントロールの仕方について具体例をあげて見てきました。では、ほかの項目についても、どのように問題を見つけ、どのように解決していけばいいかについて説明します。

◎売上高

そもそもお店を運営するためには、あなたのお店の場合、1カ月にいくら必要でしょうか？開業時には目安がありましたよね。経費＋お給料＋仕入れ代金が最低でも必要です。個人事業者の多くは、売上げから経費を差し引いて残った金額を、仕入れと自分のお給料にあてているケースが多いようですが、個人事業であっても法人（会社）と同じように、**あらかじめ経費と仕入れ予算だけでなく自分のお給料も設定し、逆算したうえで、いくら売上げが必要なのかを考えておく**ことを井川氏はおすすめしています。

売上げをのばすためには、第4章でも説明したとおり高いレベルのQSCをお客様に提供することに尽きますが、数字を分析したうえで売上げを上げるためには、客数をふやすか、客単価を上げるしかありません。客数をふやすためには、集客を強化するための行動が必要です。ブログやツイッターなどのインターネット環境を有効に活用することや、イベントの定期開催でファンづくりをしていくことはその一例です。**客単価は一気に上がりづらいのは事実です。**ま**そのため開業時の商品コンセプトをどのように設定するかが大きなポイントになります。**

た、「ついで買い」「まとめ買い」を促すような陳列や品揃えも重要です。

◎**粗利益率**

雑貨業界でいわれている平均的な粗利益率は、だいたい40％です。それ以下であれば、平均値にもっていけるように仕入れ先、仕入れ方法を変えることなども必要です。また客数をふやすために頻繁なセールを開催している商業施設もありますが、個人のお店がむやみやたらにセールをすることは、まさに薄利多売の状態を生んでしまうため禁物です。大切なのは、**「価値のある商品を値下げせずに、適正価格で販売するための努力をすること」**と井川氏は言います。

万引きをされたり、商品を破損させることも粗利益高、粗利益率の低下に直結しますので、万引きをされないように店内を巡回したりミラーをとりつけるなどの対策をとったり、商品の取り扱いには十分に注意することも必要になります。

◎**経費（変動費）**

人件費についての考え方は第4章でも説明したとおり、売上げや利益を上げるためには必要な出費です。ただし、無駄な仕事のための人件費は抑えることが重要です。曜日や時間帯などによって、本当な必要な時間と作業のために人を雇うようにしましょう。またお店にとって必要な資材や備品は、コストパフォーマンスのいいものの中からお店のニーズに一番合ったものを購入することも大切です。

目標は「売上」ではなく、「利益」

これまでの章ではお店の経営の第1段階として、売上げをのばすためには何をするべきなのか？について話を進めてきました。たとえば、１００万円の売上げを１２０万円にアップさせるための行動として、ＱＳＣの向上やお客様が喜ぶことを徹底的に継続し続けることの大切さをお伝えしました。さらにこの章では、お店の経営の第2段階として、数字の分析をして利益を上げることについて話を進めました。

もしかしたらあなたは売上げが上がれば儲かる！と思っていたかもしれません。売上げを上げることはとても大切ですが、**「売上げはあくまでも利益を出すための経営指標であり、最も重要なのは利益を出すことだ」**と井川氏は言います。

たとえば売上げ金額が１００万円とします。雑貨業界の一般的な粗利益率40％で言うと、粗利益は40万円です。その40万円の中から家賃、光熱費、もろもろの経費、自分のお給料と仕入れ代金を差し引くと、利益は手元に残るでしょうか？

どんなに売上げが上がっても経費が粗利益を上回ってしまったら赤字です。また、利益幅が少ない商品をたくさん販売して１００万円を売上げることができても、実際には自分が猛烈に忙しいだけで利益が手元に少ししか残らなかったなんていう話もあります。売上げが１００万円でも、赤字が20万円では意味がありません。逆に売上げが50万円でも利益が10万円あることのほうが、経営的にはうまくいっていることになります。

売上げを上げることはとても大事ですが、あくまでも「ゴールは利益を上げること」だということはしっかり覚えておきましょう。

また、ぜひこの本だけでなく「計数管理」の本を一冊、勉強することも忘れないでください。その数字を使いこなしていくスキルこそが、雑貨屋さんを運営していくうえでの経営リスクを減らすポイントになります。

小さなお店を繁盛店にする商売成功の10の秘訣

1 ビジョンとコンセプトを明確にする。ぶれない。

お店を始める動機と、「社会に貢献する」というビジネスの目的・目標を明確にし、自分たちがセレクトした雑貨に共感してくださるお客様に満足していただく。

2 お客様の「○○してほしい！」を自分たちのお店がやる。

お客様が必要としていて、ライバル店ができていないサービスに取り組む。

3 お客様に言い訳をしない。

お客様第一主義を徹底する。自分たちの都合をお客様への言い訳にせず、できる方法を考えて実行する。

4 お客様をびっくりさせる。感動させる。

期待以上の〝驚き〟があることによって、記憶に残る店になる。〝感動〟が生まれれば、クチコミで評判が広まる。

5 現状に満足することなく、日々、改善・改革を実行し、進化し続ける。

結果が伴わない無駄な努力（お客様に求められていないこと）がないか、今のお客様のニーズに合っているかを日々問い、お客様満足度をアップさせることを優先に改善・改革する。

6 ゴールを設定し、計画を立てて実行する。

「自分たちのゴールがどこなのか？」を明確にし、最短距離で達成するための計画を立てて実行し、さらに結果を検証することによって次に活かす。

7 全力でベストを尽くす。

妥協は禁物！ すべての行動を真剣に考えて、最善を尽くす。

8 業務を仕組み化する。

店舗運営にかかわることのルール、マニュアルを整備して、自分が不在でもお店の運営ができるようにする。そのことによって経営者は、戦略を考える時間をふやすことができる。

9 インターネット環境を最大限に活用する。

販売、宣伝、情報提供をローコストで効率よく行うために、ネット環境は必須。

10 特定の分野で、何かしら一番店になる努力をする。

「業界の中で一番！」の項目が多ければ多いほど、テレビや雑誌などのメディアで紹介される機会がふえ、また、お客様に支持される強い店になる。

• ALL ABOUT IKAWA YUTA + SEA&SIGN CO.,LTD.

井川雄太(35)

青山学院大学経営学部卒業
(商業英語、貿易実務を専攻)
会社員時代に店舗経営の経験(4年)を経て
会社の同僚の伊藤聡氏とともに2004年に独立

井川雄太氏(右)と伊藤聡氏(左)

株式会社シーアンドサインの形態

ショップ:3店舗
事務所:2カ所
従業員:17人

雑貨ビジネス年表

2004年12月	高円寺にファイヤーキング専門店『ディーラーシップ』をオープン
2005年 3月	『ディーラーシップ』ネットショップをオープン
2006年10月	吉祥寺にデザイン輸入店『フリーデザイン』をオープン
2007年 2月	『フリーデザイン』ネットショップをオープン
2008年 3月	株式会社シーアンドサインを設立(高円寺)
2008年 5月	『フリーデザイン』楽天市場店をオープン
2010年11月	『フリーデザイン』YAHOO店をオープン
2011年 8月	『日本の手仕事・暮らしの道具店 cotogoto』ネットショップをオープン
2012年 4月	『ディーラーシップ』を拡大移転
2012年 4月	『日本の手仕事・暮らしの道具店 cotogoto』の実店舗を旧『ディーラーシップ』店舗でオープン

株式会社シーアンドサインの年商

2008年 1億円
2010年 2億円
2012年 3億円達成間近

僕のwork timeスケジュール

・週に5日はショップと事務所を行き来している。
・1週間で3つのお店の会議に10時間かけている。
・週休2日。10時に出勤、22時頃に退社。

スタッフのwork timeスケジュール

店舗スタッフ
⏲11時～20時

11:00

接客販売／梱包発送／陳列整理／納品、品出し／レイアウト変更／POP作成／商品発注／ブログ、ツイッターでの情報発信

20:00

通販スタッフ
⏲11時～20時

11:00

受注メールチェック→納品書・配送伝票出し→梱包→発送→発送メール

メール対応・問い合わせには随時返答（営業中は基本的に1～3時間以内に返信する）。

20:00

納品／在庫管理・整理／備品発注

ウェブ制作スタッフ
⏲11時～20時

11:00

ウェブページ制作／データ集め／コメント作成／ラフ作成／写真撮影／ページデザイン／販売促進計画・実行／メールマガジン作成／ブログ作成／特集の企画

20:00

僕の頭の中(日々の生活で大切にしていること、考えていること)

★仕事は“楽しみ”であり、どんな仕掛けをしてどれだけお客様を喜ばせることができるかのゲームだと思っている。

→常に頭の片隅にお店がある。夢中になってワクワクしている感じ。

★チャンスを逃さない。

→常にチャンスに乗っかるための準備を行っている。

★お休みは街に出て、ストアコンパリゾン(市場リサーチ)を行う。

→魅力的な商品探し、新しい陳列などを参考にする。

★市場リサーチのためテレビ番組や雑誌を見て、世の中のニーズをチェックしている。

★交友関係を大切にする。

→集まりにはできるだけ参加。いろいろな人たちとつながりをもつようにする。
従業員の中にも、もともと友人というスタッフも。

★大量の映画や音楽にふれる。

→雑貨屋オーナーとしての美的感覚、センスを磨く。

★ビジネス本を読む。

→常に自己啓発を行っている。

★歩いて通勤できるところに住む。

→仕事と遊びをすぐに切りかえるため。

★今、好きなものだけに囲まれて生活する。

→過去に好きだったものに固執しない。どんどん入れかえる。

『DEALERSHIP』ファイヤーキング専門店のすごいところ

・ファイヤーキング業界一番店。
・年間1万個以上を販売。月間のファイヤーキング入荷数1000個以上。
・14坪の店に3000 ～ 4000点の商品を並べる。
・アンティークなのに、新品同様のものがたくさんある。
・オーナーの商品知識がすごい。書籍『ファイヤーキング パーフェクトブック』(ネコ・パブリッシング)の監修も務めた。
・ネットショップが週4 ～ 5回も更新される。
・ネットショップが"図鑑/カタログ"状態になっている。
・お手頃価格。
・年中無休で営業している。毎日発送。
・立地は、東京で一番アメリカンな街「高円寺」をセレクト。
・販売の3分の1はギフト。ラッピングに力を入れていて、わかりやすい。
・雑誌などのメディアで頻繁に紹介されている(広告ではなくて取材)。

『Free Design』大人のデザイン雑貨店のすごいところ

・カップルやファミリーなど、男女を問わずお買い物が楽しめる。
・デザイン雑貨が1000種類以上ある。
・ネットショップでは、主要ブランド商品の新作は発売日当日の0時から購入できる。
・毎週3 ～ 10点の新商品がアップされる。
・基本的に即日発送。
・お店に行ってお買い物をしているかのような、わかりやすいサイズ感とイメージの写真を掲載。
・人気のオリジナルスリッパは、全色、男女の着用写真を掲載。

おわりに

「すべての行動に対して、期待されている以上のコトをするように心がけている」

この言葉は、井川雄太さんから「Ｐ１４０に追加したい」と送られてきたメールのひとことです。

ただ、この項はもっと身近な井川さんを感じてほしくて、仕事以外での〝井川さん〟に集約したかったこともあり、あえて記載していませんでした。どこかにつけ加えるのであれば、絶対にここだろう！と、勝手ながらこうしてあとがきに書かせていただきました。

改めて、なるほど！です。いえ、この一文だけでなく、井川さんが「小さなお店を繁盛店にする商売成功の10の秘訣」にあげていることは、井川さんご自身のことでもあることがよくわかりました。

この本は、取材を通じて私が出会った20代の若者が、８年後の今、雑貨業界の成功店の実例としてあげられるようになるまでに何をしてきたのか？がたっぷりと書かれています。このたっぷり具合は、私が期待していた以上に、井川さんが話をしてくれたおかげでもあります。

そう、まさに井川雄太さんは、すべての行動に対して期待されている以上のコトをしている人なんだ、ということがよくわかりました。半面、安請け合いは絶対にしないということも私は十分に知っています。スケジュールが合わなかったり、自分じゃなくてもできることについては、じっくり考えたうえでしっかりＮＯと言います。

また、井川さんのセミナーが人気といえども、ゲストとして登場してくれるのも年に一度。

これは、井川さんの本業は講師ではなく、ショップの経営者であるからです。それでも年に一度だけ受けてくれることについては、「マッドさんのセミナーだから」と可愛いひとことをつけ加えてくれるところも井川さんの魅力です。

ということで、本が発売するときに合わせて、と提案したセミナーは、仕事の都合もあり、例年どおり秋となりました。よかったらぜひ、生・井川雄太に会いに来てください。

この本を通じて井川さんに取材をしてきた約3カ月。会うたびに、そしてスカイプで話を聞くたびに、改めて雑貨屋さんを繁盛店にするということ、雑貨屋さんの経営者になるということはこういうことなんだなぁと思うことがたくさんあり、それは私が自分のビジネスを考えるうえでも大きな刺激になりました。

ここで、改めて、この本の執筆に際して、期待以上の話を聞かせてくれた井川雄太さん、そして共同経営者の伊藤聡さん、この素晴らしい本を実現するために力を貸してくださった主婦の友社の藤岡信代さんに感謝いたします。

自分で言うのもなんですが、私の著書の中でも、読者さんに一番喜んでいただける本を執筆できたと思っています。

今、雑貨屋さんを経営しているオーナーさん、これから起業を考えている未来のオーナーさん、そして小さなビジネスを経営しているすべてのかたに、期待以上に喜んでいただける本となっていたら最高にハッピーです。

井川雄太パワーが、本を読んでくださった皆さんに伝わっていることを心から願っています。

マッドアケミ

成功《せいこう》する雑貨屋《ざっかや》さん

ショップ経営《けいえい》に欠《か》かせないこと

2012年6月30日　第1刷発行

著　者　マツドアケミ
発行者　荻野善之
発行所　株式会社 主婦の友社
〒101-8911
東京都千代田区神田駿河台 2-9
電話 03-5280-7533（編集）
03-5280-7551（販売）
印刷所　凸版印刷株式会社

ISBN978-4-07-282607-2

■乱丁本、落丁本はおとりかえします。お買い求めの書店か、主婦の友社資材刊行課（電話 03-5280-7590）にご連絡ください。
■内容に関するお問い合わせは、プラスワンリビング編集部（電話03-5280-7533）まで。
■主婦の友社が発行する書籍・ムックのご注文、雑誌の定期購読のお申し込みは、お近くの書店か主婦の友社コールセンター（電話049-259-1236）まで。
※お問い合わせ受付時間 月曜～金曜（祝日を除く）9:30～17:30

■主婦の友社ホームページ
http://www.shufunotomo.co.jp/
※本書のデータは2012年5月現在のものです。

マツドアケミ

雑貨ショップのプロデュースや雑貨メーカーの商品開発、女性客の集客や、女性をターゲットにした商品のマーケティングを手がける、有限会社 Blooming 代表。「雑貨の仕事」に特化した教材やセミナーを企画・販売する「雑貨の仕事塾」を主宰し、雑貨屋さん開業、手づくり雑貨でのプチ起業など、女性の「なりたい私になる!」をテーマにしたパーソナルコンサルティングやオンライン学習などでも指導にあたっている。

2012年4月からユーストリームを使ったネット番組「雑貨 tv」をスタート。雑貨の作り方や雑貨店オーナーとのトークを配信。開始1カ月の視聴回数が4000回を超え、動画を使った情報配信、集客方法が注目されている。

2010年に「雑貨屋さんになりたい」（主婦の友社）、2011年に「手作りお菓子とパンの売り方 BOOK」（マイナビ）など、著書も多数。

マツドアケミの雑貨の仕事塾
http://zakkawork.com

雑貨屋さん開業＆雑貨作家さんデビュー応援ブログ
http://ameblo.jp/zakkawork/

あなたの雑貨の宣伝部！ マツドアケミの雑貨 tv
http://www.ustream.tv/channel/tokyo-kawaii-zakka-channel

Staff

ブックデザイン
原 てるみ、星野愛弓（mill design studio）

撮影
佐々木幹夫、澤﨑信孝、柴田和宣（主婦の友社写真課）

校正　荒川照実

編集　藤岡信代（主婦の友社）